PAUL VI
REL

LÉON CHAPRON

LE LONG DES RUES

PARIS
PAUL OLLENDORFF, ÉDITEUR
28 bis, Rue de Richelieu, 28 bis
1882
Tous droits réservés

LE LONG DES RUES

SAINT-QUENTIN. — IMPRIMERIE J. MOUREAU ET FILS.

LE LONG DES RUES

PAR

LÉON CHAPRON

PARIS
PAUL OLLENDORFF, ÉDITEUR
28 BIS, RUE DE RICHELIEU, 28 BIS

—

MDCCCLXXXII
Tous droits de traduction et de reproduction réservés

LE LONG DES RUES

LE PIANO

La loi n'a prévu que deux cas où le meurtre est excusable. L'homme qui, au coin d'une rue solitaire, en est réduit à défendre sa peau contre les tentatives d'un vagabond, a le droit indiscutable de tuer tout net ce vagabond. Peut hacher sa femme en miettes infinitésimales le mari qui, survenant à l'improviste, trouve la compagne de sa vie, plus dépenaillée que de raison, en train de dire à un grand blond ou à un petit brun, lequel rajuste sa cravate d'un air satisfait : « Ah ! maintenant, Georges, si vous me trompiez, vous seriez le dernier des hommes ! » On le voit, le législateur, dont il n'est pas nécessaire de faire ressortir la regrettable négligence, n'a visé que la légitime défense et l'adultère.

Je tiens de source certaine que, aussitôt que l'Assemblée sera réunie, trois propositions, relatives au « meurtre excusable », seront déposées sur le bureau de la Chambre. *Primo* : Ne sera recherché ni inquiété d'aucune manière le spectateur qui, d'un point quelconque d'une salle de théâtre, aura fait feu sur Mme Sarah Bernhardt. *Secundo* : Le « plaisant du parterre » qui, à l'issue d'une représentation de la *Jolie Parfumeuse*, trouvera le moyen de s'introduire chez Mme Théo et saupoudrera de matières vénéneuses les aliments de ladite Mme Théo, afin d'empêcher pour jamais cette respectable artiste — qui doit avoir vigoureusement giflé la trentaine — de jouer « les mutines et les évaporées », sera excusable de plein droit. *Tertio* : Tout invité pourra, sans l'ombre d'un remords, abattre comme un lapin la *demoiselle de la maison* qui, sous prétexte d'un petit thé sans façon offert par ses parents, jugerait convenable de s'asseoir au piano et d'exécuter coup sur coup la *Rêverie de Rosellen*, *les Cloches du monastère* et *Un premier amour*.

Il est hors de doute que ces trois propositions seront votées à l'unanimité. Il nous est donc permis d'ores et déjà de considérer comme comblées ces fâcheuses lacunes de notre Code pénal.

J'avoue que, peu sensible aux deux premières propositions, attendu que je n'ai aucune intention homicide à l'égard de Mme Bernhardt ou de Mme Théo, j'applaudis des deux mains à la troisième ; car je suis encore mal remis d'une aventure que je veux conter. Les Balandart, qui, en apparence du moins, me reçoivent avec une faveur particulière, m'ont invité lundi dernier à un bal. Il s'agissait de leurs *noces d'argent* — un lundi gras ! Le père Balandart était radieux. La mère Balandart, chez laquelle les fleurs d'oranger ont eu le temps de se transformer en oranges, étouffait dans un corsage affreusement serré qui faisait ressortir outre mesure les flottantes splendeurs de son buste. Au moment où je suis entré, un vieil ami de la famille, qui a fait *son affaire* dans les « tulles et blondes », se livrait à des allusions rétrospectives qui, reportant Mme Balandart à vingt-cinq ans en arrière, la faisaient devenir rouge-framboise. Bête comme on ne l'est pas, je m'attendais à un bal ordinaire.

A peine ai-je eu salué la maîtresse de la maison que le père Balandart, un bon diable qui « s'est amusé dans son temps », m'a pris par le bras et m'a mené devant une jeune personne blonde, avec des yeux de faïence et des dents bleuies, à laquelle il m'a présenté. Je me trouvais en face de Mlle Eugénie Balandart, récemment sortie d'un excellent pensionnat.

Vous vous rappelez la terrible vision de Pompée à la veille de Pharsale. Les Anciens n'ont point menti : le pressentiment existe. Vaguement, d'instinct, sans me rendre compte de ce que j'éprouvais, je compris qu'il y avait là un danger. Il ne s'agissait certes pas d'un mariage. Le père Balandart, homme pratique, estime la gent plumitive de beaucoup inférieure à la classe intéressante des ferblantiers. Quoi donc, alors? Je l'ignorais. Cependant, Mme Balandart s'étant approchée : « Notre Eugénie, me dit-elle, a eu le premier prix de piano. » A ces mots, j'imagine que la pâleur de la mort dut couvrir mon front. Je murmurai je ne sais quel compliment niais et jetai un regard oblique vers la porte. Souriant avec le rictus de Méphisto, le père Balandart me coupait la retraite. J'étais pincé.

Donc, on n'a pas laissé le malheureux pianiste — une figure blanche, assez fine, avec des fatigues et des ombres sur les tempes — commencer l'effroyable série de valses, mazurkas et quadrilles à laquelle l'obligent les deux louis du père Balandart. Mlle Eugénie Balandart s'est installée devant l'instrument fatal. J'ai regardé à ce moment la mère Balandart. Le rouge-framboise avait fait place à quelque chose d'innommé en peinture. La bonne dame reculait les limites connues du rouge-ponceau et suait d'émotion. La petite Balandart, qui ne me paraît pas manquer d'aplomb, attaqua nerveusement une horrible machine intitulée : *le Crépuscule,* et qui a dû résonner plus d'une fois aux oreilles de ceux de mes lecteurs qui ont des sœurs ou des cousines. *Le Crépuscule* fini, elle a abordé *le Retour des Hirondelles*. On a applaudi. J'ai mêlé mes applaudissements aux autres avec une bassesse voisine de la lâcheté. — « Nini, a dit Mme Balandart, joue-nous donc *la Pluie de perles*. » — « Elle la joue à ravir sa *Pluie de perles !* » a-t-elle ajouté en se penchant vers moi. — « Il y a longtemps, chère madame, ai-je répondu d'une voix brisée, que je n'ai entendu cette *Pluie de perles*, qui est bien le plus délicieux morceau... » — « Chut ! chut ! » a fait Mme Balandart. Cette abominable petite dinde d'Eugénie Balandart plaquait déjà quelques accords. Le courage de l'homme a des bornes. Je me suis réfugié dans un salon voisin.

Le père Balandart est venu m'y rejoindre. Je crois bien que, au fond, lui-même a horreur de ces orgies de piano. Il ne m'a pas caché d'ailleurs, que la *Pluie de perles* était de la « musique savante » pour laquelle il ne se sentait point un vif penchant. Nous avons charmé les loisirs de notre dialogue par des considérations de haut goût sur l'éducation des jeunes filles. « Mon Eugénie, m'a dit M. Balandart, a obtenu tous ses diplômes. Vous sentez bien que je n'entends pas faire d'elle une institutrice. Grâce à Dieu, j'ai gagné dans la rouennerie soixante bonnes mille livres de rente qui ne doivent rien à personne ; mais il faut tout prévoir dans la vie. »

Ce début qui, en fin de compte, n'était pas tant

sot, a été suivi d'une révélation inquiétante. « Eugénie, a continué M. Balandart, *touche* du piano comme un ange. Vous venez d'en avoir la preuve, du reste. Je lui fais apprendre le chant. Elle roucoule une petite ballade : *C'est Jeanne que j'aime...* Il faudra qu'elle la chante devant vous. Vous m'en direz des nouvelles. — Ah! Mlle Eugénie chante? ai-je murmuré d'un air cafard. Il faut espérer, que nous aurons le plaisir... — Non, a répliqué M. Balandart avec quelque importance. Je trouve que sa voix n'est pas suffisamment formée. Dans un an, nous verrons. Et vous, mon gaillard, a-t-il fait brusquement en m'appliquant sur l'épigastre une tape amicale qui m'a à peu près suffoqué, que devenez-vous? Vous soupez toujours avec des actrices, n'est-ce pas? » Le père Balandart, qui m'a confessé un jour que les romantiques étaient *une bande d'ivrognes,* en est encore là.

En vain lui ai-je juré que les journalistes étaient les plus bourgeoises gens du monde, se couchaient aux heures normales et ne soupaient que fort rarement avec les premiers sujets de l'Opéra, voire avec les filles à maillot du Palace-Theatre. Le brave homme, qui m'a vu *pas plus haut que ça,* n'en a pas voulu démordre. « Farceur! a-t-il dit en me poussant l'épaule. — Mon cher monsieur, lui ai-je répondu gravement, je ne connais pas d'actrice. J'ai aperçu une fois Mlle Elluini. Depuis ce temps je ne désire plus voir d'autres comédiennes. Ça m'a suffi. Quand on a contemplé Mlle Elluini dans l'état de sa gloire et le rayonnement de ses cabochons, on se sent meilleur et l'on peut mourir. — Allons donc !, vous cachez votre jeu, a-t-il riposté. Le champagne, les danseuses, la Maison-d'Or ! Hein ? La Maison-d'Or ! » — Ce vieillard est gâteux.

Cependant, je supportais l'horreur de cette soirée, — que je ne marquerai pas, à coup sûr, d'un caillou blanc, — attendant, l'heure psychologique du souper. On dansait dans l'autre salon. La petite Balandart, qui avait fini de « gratter de l'armoire », comme disait élégamment Duranty, figurait dans une pastourelle, les coudes en dehors et les yeux baissés. De temps à autre passait entre les danseurs, un plateau à la main, le maître d'hôtel engagé *ad hoc* par la famille Balandart. Était-ce une illusion ? Au milieu de ces physionomies placides et de ces médailles effacées, la tête de ce maître d'hôtel ne me parut point vulgaire. Il était jeune, frisé comme un caniche, avec je ne sais quoi de *gavroche* dans le museau. Assurément, ce garçon-là ne se trouvait pas au milieu de son monde.

Enfin, le piano n'a plus retenti. Un mouvement s'est fait vers la salle à manger. J'ai respiré. Non pas, il convient que je le déclare, que j'aie un amour immodéré de la table. Mais la musique et la danse avaient cessé, comme le chant des *Templiers* de Renouard. C'était le dénouement. J'ai offert le bras à une dame qui, à tout hasard, m'avait avoué (c'est le bas-bleu de ce salon étrange) qu'elle adorait Musset et Gounod. De maigres épaules de femme de lettres, cette dame! Tout à coup, il y a eu un temps d'arrêt. La petite Balandart, sans doute pour ouvrir l'appétit de ses hôtes, s'était réinstallée devant le piano et — implacable — attaquait les *Echos de la vallée*. Alors, j'ai perdu la tête et j'ai pris la fuite, avec des allures d'halluciné, me heurtant aux meubles et me trompant de porte, comme Mathan dans *Athalie*. Dans l'antichambre, le maître d'hôtel m'attendait. Il m'a passé mon pardessus. Tout à coup, comme par un trait de lumière, j'ai reconnu en lui un garçon de café de chez Tortoni. « Vous êtes donc maître d'hôtel, maintenant? — Oui, monsieur, m'a-t-il dit. Je *fais* les soirées bourgeoises. » — Puis, s'enhardissant jusqu'à une familiarité évidemment blâmable : « Quelle bande de *raseurs!* » a-t-il ajouté entre haut et bas. Faut-il l'avouer? J'ai eu la faiblesse de répondre par un sourire...

LA VOITURE AUX CHÈVRES

Très réellement, l'homme qui n'adore pas les petits enfants mérite d'être rangé, pour le restant de ses jours, dans la classe des madrépores. On n'imagine pas les infinies douceurs qui s'échappent de ces mignons-là. J'en ai vu deux hier. Ils étaient graves, tout à fait graves. C'était aux Champs-Élysées. Le soleil donnait d'aplomb sur la voiture aux chèvres, qui allait promener d'importants voyageurs. Un garçon et une fille. Un grand garçon de sept ans au moins. Pas quatre ans, la petite fille. Des cheveux blonds et des yeux bleus, la bellotte, avec je ne sais quoi de très sérieux dans la frimousse. Je me suis approché et j'ai compris que la question était grosse. Le cher amour, qui s'appelle Berthe, venait de supporter sans une larme l'opération éminemment délicate du *percement d'oreilles*. On avait passé dans ces petits trous, encore un peu sanguinolents, des anneaux qui valaient bien quarante sous.

L'enfant avait des coquetteries de femme, en vérité! Elle se redressait toute pimpante, toute fière, toute brave. On lui avait promis la voiture aux chèvres comme récompense de son silencieux héroïsme. Le grand frère (sept ans! songez donc!) qui n'avait pas, lui, été à la peine, se trouvait à l'honneur. Je dois dire que Berthe — une amie de dix minutes pour moi — n'avait pas toutes les délicatesses voulues. La voiture aux chèvres était sienne. Elle l'avait gagnée. Elle entendait conduire. Ces gamines ont un étrange instinct de domination! Lui, plein d'orgueil masculin, estimait cette prétention outrecuidante. Le débat s'agitait, s'envenimait même sous les yeux d'une gouvernante anglaise qui riait d'un rire à peu près semblable au chant mélodieux de la grenouille. Oh! ces gouvernantes anglaises! Celle-là exhibait des dents sur lesquelles on aurait pu jouer le *God save the queen!* J'ai tout concilié. Le grand frère a conduit d'abord; Berthe a conduit ensuite. Ç'a été très convenable.

Je me demande, avec quelque naïveté sans doute, comment on peut voir sans émotion cette voiture aux chèvres. La voiture aux chèvres! Mais c'est toute notre enfance qui passe! C'est par ce modeste landau qu'on prélude. Ils sont ivres de vanité là-dedans, ces babies aux joues roses. Celui qui tient les rênes est absolument digne. Il s'appellera plus tard le comte X... et courra en *steeple*. La bambine s'éventera, nonchalante et ridicule, dans une américaine rapide. Peut-être tous deux regretteront-ils la voiture aux chèvres. J'imagine que les désabusés qui passent doivent se sentir, quoi qu'ils en aient, une larme sous la paupière. Ils sont pâlis, fatigués, ont les moelles à peu près vides et le cœur flétri comme une vieille fleur. Cette voiture aux chèvres leur rappelle, à coup sûr, d'adorables impressions d'enfance. C'est peut-être la même voiture, du reste !

Notez bien que tous les enfants ne montent pas dans la voiture aux chèvres. C'est une Corinthe que cette voiture-là. *Non licet omnibus*. Il en coûte cinq sous, je crois, pour gravir ce marche-pied, objet de tant de mignonnes convoitises. Or, et c'est là le côté pratique et douloureux de la vie, une foule de petits bourgeois envoient leurs enfants aux Champs-Élysées, sous la conduite d'une *bonne à tout faire*, qui ne peuvent pas dépenser ces cinq sous quotidiens. Il faut que le budget de ces modestes ménages s'équilibre à un centime près. Il est des bébés qui, durant toute la semaine, regardent, le cœur bien gros, monter dans la voiture aux chèvres d'autres bébés plus riches. Ils restent là, appuyés à un arbre, attendant le dimanche qui leur donnera cette ivresse. Je les ai souvent considérés, ces chers petits êtres, et j'ai pu, faisant un appel désespéré à mes souvenirs classiques, me représenter à peu près Moïse sur le mont Nébo !

De mon temps — qu'on ne s'y trompe pas ! je

ne parle point encore du temps où la reine Berthe filait — c'était une grosse faveur que nous faisaient nos mamans en nous *payant* la voiture aux chèvres. Je ne sais, lecteur ami, si vous avez remarqué cette singulière passion des enfants. Les malins, qui ont une corde, mettent entre les deux bouts de cette corde, transformée en brancards, les plus jeunes, qui n'osent pas se révolter et consentent à jouer le rôle évidemment subalterne de *dada*. Etre cocher, agiter un fouet sans nœud, crier : « Hue ! hue ! », faire acte de maître, c'est là l'objectif rêvé. J'ai été cheval et, le jour où je suis devenu cocher, je crois qu'une vie nouvelle a commencé pour moi. Ç'a été proprement un sacre. J'ignore comment Talma disait : « J'étais fier et superbe ! ». Il paraît que c'était merveilleux, cet hémistiche, en sa bouche. J'estime que Talma a dû, avant de lancer cette intonation dont quelques abonnés nonagénaires de la Comédie-Française ont gardé le souvenir, interroger scrupuleusement la physionomie des enfants qui, pour la première fois, guident dans la carrière un bébé ou une chèvre !

Il est éternellement de ces joies dans l'existence. La voiture aux chèvres est de tous les âges. Le gamin, qui fume des cigarettes où vous savez bien, monte dans la voiture aux chèvres le jour où, devant trois vieillards qui sentent le tabac à priser, il enlève de haute lutte les quelques boules blanches ou rouges qui le font bachelier. Le jeune homme qui, sortant de Saint-Cyr, promène dans une rue, tenant à son bras une mère rouge d'orgueil, son épaulette neuve, ne monte-t-il pas dans la voiture aux chèvres ? Puis, souvenir envolé et d'ailleurs grotesque, n'est-ce pas la voiture aux chèvres que le premier baiser d'une grosse dame qui, étouffant dans son corset, murmure à l'oreille de Chérubin : « Je suis trop vieille pour toi ! Je pourrais être ta mère, enfant ! » La vie est faite de premières voitures aux chèvres !

Cette voiture emblématique, à laquelle je ne songeais guère, m'a frappé hier de façon vive. En tournant le dos à cette voiture enfantine, j'ai vu défiler de vraies voitures de grandes personnes. Je ne parle pas, bien entendu, des filles auxquelles un Russe inattendu et béni a acheté un huit-ressorts longtemps espéré. Celles-là, dédaigneuses à miracle, sont nées dans quelque sous-sol de concierge, ont été nourries de pommes crues en leur poétique jeunesse, et, laveuses de vaisselle, bombardées duchesses du jour au lendemain, s'étalent sur des coussins de soie avec une vague surprise. Non. Je parle des cocodettes qui ont connu les joies relativement opulentes de la cinquième année. Elles ont des mines dolentes et distinguées, ces cocodettes. Le vieux poëte Regnier les a pressenties, le jour où il a inventé ce ravissant mot « *nonchaloir* ». Ces lassées, qui font comme un effort pour ébaucher un sourire, ne regardent-elles jamais du côté de la voiture aux chèvres ? C'est là la jeunesse charmante et oubliée, mes belles dames. Aux premiers plis sur les tempes, elles pousseront un gros soupir, les altières, en voyant les deux petites chèvres traîner la voiture minuscule !

Il y a, n'est-ce pas ? des points de repère dans le passé. Le jour où la vraie vie vous met sa rude griffe sur la peau, on se dit, avec un douloureux bémol : « Ciel ! comme j'étais plus heureux quand... » Pour moi, ce point de repère est la voiture aux chèvres. Dame ! je n'y grimpais pas tous les jours, dans cette voiture ardemment convoitée. Il fallait avoir récité imperturbablement *la Cigale et la Fourmi,* être demeuré tout un long jour sans taquiner la vieille bonne, n'avoir pas chipé de sucre dans le bas du grand buffet en acajou, que sais-je, moi ! La voiture aux chèvres était la récompense d'un héroïsme enfantin !

En caressant ces deux chèvres aux cornes inoffensives, j'ai grommelé à part moi je ne sais quelle élégie intime. N'est-ce pas Emile Deschamps, le doux poète, si cruellement oublié aujourd'hui, qui a écrit ce vers, un des plus émouvants que je sache :

Que ne suis-je toujours resté petit enfant !

En vérité, lorsque je considère toutes les tristesses où nous sommes, je regrette avec une réelle amertume les joies niaises du temps enfui. Les politiciens continuent à exécuter leurs exercices de haute voltige; les femmes trompent leurs maris; les maris perdent des fortunes en faisant la *banque à cheval;* le monde va comme il a été toujours, plein d'heures sombres et douloureuses. Toi qui vois ces choses comme je les vois, lecteur, ne jettes-tu pas parfois un regard mélancolique vers l'époque où, bambin aux culottes courtes et brodées, tu te sentais une grosse joie au cœur en montant dans la voiture aux chèvres?

L'EXCOMMUNICATION

E mot est si vieux et offre un sens si peu précis à l'imagination de nos contemporains qu'il y a quelque hardiesse à l'imprimer tout vif en tête d'une chronique parisienne. Les gommeux, qui ont contracté la funeste habitude de railler les plus saintes choses, se demanderont quelle bête peut bien être cette excommunication dont ils entendent sans doute parler pour la première fois. Les malins, ceux devant qui *la bande* s'incline comme une bande de roseaux, poseront même cette question excessivement spirituelle : « Est-ce que ça va sur l'eau ? » Le fait est que je n'aurais pas le courage de faire le procès aux boulevardiers plaisantins de mon temps. L'arme de l'excommunication, jadis terrible entre les mains des papes, est aujourd'hui une arme tellement fourbue que je suis tout surpris qu'on ne l'ait pas de longue date reléguée au musée des Antiques.

Il faut pourtant se rendre à l'évidence. En plein cœur du dix-neuvième siècle, alors que les chemins de fer, le télégraphe, le câble transatlantique, le téléphone et les chassepots font merveille, il se trouve encore, dans un coin du Vatican, un doux vieillard entêté qui s'imagine que l'excommunication foudroie tout net ceux qu'elle touche. Ils sont là de bonnes gens vêtus de rouge — comme des magistrats ou des bourreaux — qui pâlissent sur des textes, griffonnent des bulles et s'ingèrent de mettre hors la loi, presque hors la vie, les parpaillots qui les ont piqués au vif. Sont-ils donc à ce point dépaysés dans notre monde moderne qu'ils puissent croire une minute à l'efficacité de leurs anathèmes? Les parpaillots se moquent de l'excommunication comme d'une guigne. C'est là, ô Très Saint-Père, un tonnerre en fer-blanc dont sourirait Calchas lui-même !

Un journaliste, un peu trop amoureux du bruit, mais qui ne manque point de verve, M. Léo Taxil, vient d'être atteint par l'excommunication papale. Il était là, dans son lit, tranquille comme le Baptiste du proverbe, fumant une cigarette, la cigarette du matin, quand sa concierge lui a monté une lettre d'une nommée Amanda, une réclamation d'un tailleur bilieux et l'excommunication de Léon XIII. Je connais assez les hommes pour être persuadé que M. Taxil a attaché beaucoup plus d'importance à la réclamation du tailleur, voire même à la lettre d'Amanda, qu'à l'excom-

munication, non affranchie sans doute, du chef de
la chrétienté. Peut-être même n'a-t-il pas compris de prime abord et a-t-il dit à la concierge :
« Le facteur s'est trompé. Voyez donc au 27. »
Force lui a été, néanmoins, de s'avouer bel et bien
excommunié. Quel nez il a dû faire !

Je n'ai jamais vu M. Taxil. J'ai souvent entendu, sur le coup de quatre heures et demie, des
gavroches à voix glapissante crier devant le café
Napolitain : « Demandez l'*Anticlérical* de M. Léo
Taxil ! » Ou bien : « Voici la grande colère de
M. Léo Taxil ! » *Anticlérical* ou grande colère
coûtait un sou. En général, quand j'éprouve le
besoin de manger à mon dîner un cuissot de prêtre, je lis un article de Sarcey. Toutefois, il m'est
arrivé, à plus d'une reprise, de me payer pour
un sou de Léo Taxil. Cette consommation à bon
marché n'est pas sans piment. A côté de théories
follement exagérées, j'ai rencontré parfois des
critiques justes et exprimées dans un style qui
ressemble à un stylet. M. Taxil n'a-t-il pas raconté
quelque part que sa vie d'enfant avait été profondément troublée par l'intrusion des prêtres dans
sa famille? Cela expliquerait, en une certaine mesure, une haine qui ressemble à de l'épilepsie. Quoi qu'il en soit, le voilà, ce pauvre
M. Taxil, depuis la longue et verbeuse lettre
venue du Vatican, carrément mis à l'index.

Au moyen âge, à l'époque des croyances naïves
et profondes, l'excommunication était entourée

d'un cérémonial qu'on n'appliquera pas, je suppose, dans le cas de M. Léo Taxil. L'excommunié était amené pieds nus (ce qui serait dur par l'hiver que nous traversons) devant la grande porte de la cathédrale sombre. La porte s'ouvrait, et soudain rayonnaient mille feux. De nombreux moines, dont la barbe seule émergeait de la cagoule brune ou blanche, se plaçaient — flambeaux à la main — de chaque côté de l'excommunié. Un prélat quelconque, plus barbu que les *clerici minores*, lisait à haute voix la malédiction sacro-sainte. Quand il arrivait à la sinistre formule de l'excommunication, en appuyant sur les notes basses, ainsi que fait M. Obin au Conservatoire, tous les moines renversaient leurs flambeaux et éteignaient les flammes, indiquant ainsi que la vie spirituelle était éteinte désormais dans le maudit. Mettez ça en scène au Châtelet, avec soixante mille francs de dépenses, et je vous garantis cent représentations !

Au fond, je crois que les rois du moyen âge, qui n'étaient pas sensiblement plus bêtes que les rois de ce temps-ci, devaient s'entendre avec les papes pour offrir à leurs peuples cette tragi-comédie. Eux-mêmes, lorsqu'ils recevaient une excommunication en pleine couronne, jugeaient opportun de donner les marques publiques de la plus vive douleur. Je me souviens que, au lycée Bonaparte, notre excellent professeur d'histoire, Charles Weiss, nous fit passer un frisson dans le dos en nous racontant les détails de l'excommunication de Robert II, fils de Hugues Capet. Ce Robert II avait épousé la fille du comte de Blois, une petite appelée Berthe, comme Mlle Legrand, des Variétés. Berthe était la propre cousine de Robert. Le pape lança contre le roi de France une excommunication furibonde. Robert se couvrit de cendres et fit humblement amende honorable, la veille même de Noël. Je ne serais pas étonné le moins du monde s'il m'était affirmé qu'on a retrouvé depuis, dans les secrètes archives du Vatican, un bout de billet du bon roi Robert ainsi conçu ou à peu près : « Votre excommunication a produit un effet excellent. Mes peuples sont terrifiés. Sans compter que vous m'avez procuré l'occasion de lâcher Berthe, qui devenait grincheuse et se commandait des vêtements d'un prix fou chez un Saxon nommé Worth. Merci du service et à votre disposition. Je vous envoie par le même courrier, à l'occasion du réveillon, une bourriche de victuailles dont m'a fait présent mon vassal, le duc d'Aquitaine, un garçon très gentil. Entre nous, elle est toujours bien bonne ! »

Le seul reproche sérieux que je ferai à l'excommunication, dont personnellement je n'ai pas eu à souffrir jusqu'à ce jour, c'est d'avoir inspiré à un homme plein de talent, feu Ponsard, une filandreuse tragédie. Là encore, il s'agit d'un roi. Philippe-Auguste, potentat qui gagna la bataille de Bouvines et commença le pavage d'un bout de terrain qu'on appelle aujourd'hui la rue Saint-Honoré, est le héros de ce drame assommant. A tous les actes, devant la toile du fond, passait le légat du pape qui expectorait, en *vibrant*, des tirades indignées. Oncques on ne vit plus ennuyeux personnage. C'est le pouvoir pontifical qui est responsable de cette *Agnès de Méranie!* Quand j'aurai dit que, au siècle dernier, le pape crut devoir excommunier la Sicile durant deux années, et que, pendant ces deux années-là, les récoltes furent exceptionnellement bonnes, j'aurai fait étalage de toute la science historique que j'ai sur moi et pourrai en revenir à M. Léo Taxil.

On ne voit pas bien quelle peut être la sanction de la mesure de rigueur dont M. Taxil vient d'être l'objet. Il est clair que si l'archevêque de Paris voulait, conformément aux vieux us, obliger M. Taxil à faire le tour de la cité en tenant dans sa dextre un cierge de cinq livres et en portant un juif sur son dos, M. Taxil s'y refuserait avec une énergie aussi sauvage que légitime. La magistrature elle-même, cette magistrature que l'Europe etc..., serait impuissante à faire exécuter le programme de la petite fête. Il convient donc de reconnaître que l'excommunication n'est plus aujourd'hui qu'une simple puérilité. C'est un coup de goupillon dans le vide.

Il y a six siècles, l'excommunié était un exilé dans le monde. Il n'avait même plus de nom. Famille, amitié, amour, tout se brisait autour de lui. Il passait lugubre et seul comme le Dante de Barbier ou le lépreux de la cité d'Aoste. Nous avons heureusement changé tout cela. M. Taxil peut aller ce soir, tête haute, à son café habituel. Nul ne le refusera comme quatrième au domino. Il est même possible que, malgré l'excommunication de Léon XIII, il ait une veine continue et ramasse sans cesse le double-blanc. Quant à l'amour, je n'en parlerai pas. Si M. Léo Taxil est porteur d'une somme convenable, qu'il n'hésite pas une seconde à heurter à l'huis de la Cora du coin. Cora n'éteindra pas sa bougie en disant : « Ta vie spirituelle est éteinte. Je ne puis te recevoir. » Cora est femme de son siècle. Elle se bornera à demander à celui que l'Église a frappé de son implacable malédiction quelque chose pour la petite bonne.

Les excommuniés étaient jadis, si je ne m'abuse, privés du feu, de l'eau et du sel. Cette triple interdiction ne pourrait plus être évidemment observée. Je ne me représente pas de façon nette Bignon faisant servir à M. Taxil un entre-côte nature et lui refusant le sel jusqu'à l'absolution définitive. Il faudrait que M. Taxil vécût deux ou trois ans sans sel ! Ce n'est qu'au grand jour du pardon pontifical qu'il oserait se présenter au café Riche, en exhibant un certificat légalisé de l'archevêque de Paris. Bignon alors, mais alors seulement, après un attentif examen des sacrés cachets, aurait le droit de s'écrier : « Benoît, monsieur est relevé de sa sentence. Passez-lui la salière. » Ce serait très curieux.

On m'accusera de pousser les choses à l'absurde. C'est que, en vérité, ces choses elles-mêmes sont absurdes. Qu'on nous ramène aux dagues, aux costumes mi-partis, aux tourelles, aux bachelettes et aux pages, au répertoire de Rosier et de Bouchardy, en un mot, si l'on veut que nous ne nous tordions pas de rire en entendant prononcer ce mot d'excommunication. Il y a cinq cents ans, je me serais éloigné de M. Taxil ainsi que d'un pestiféré. Cejourd'hui, je déclare sans vergogne que, étant gangrené jusqu'aux moelles, je me ferais un véritable plaisir de partager avec M. Taxil, si j'avais l'honneur de le connaître, le feu, l'eau, le sel et même le bitter-curaçao. Et si le nonce du pape venait « me raser », comme dit M. Zola, je le ferais expulser par le garçon. Une peine privée de sanction n'est pas une peine, par le scepticisme qui souffle. Toute cette défroque du moyen âge, blanchie aux entournures et usée jusqu'à la corde, ne doit plus sortir du magasin des accessoires. Nous sommes rassasiés du passé, impatients du présent et avides du futur. N'est-ce pas un grand excommunié qui a dit cela ? Ah ! Dieu d'intelligence et de lumière ! comme l'Eglise catholique serait bien l'Eglise rêvée par le Nazaréen si, au lieu d'exhumer de stupides archaïsmes, elle marchait résolûment à la tête de notre société moderne !

L'ASSOCIATION DES COMÉDIENS

'AI reçu, à propos de quelques lignes un peu vives que j'ai écrites sur les artistes dramatiques, un certain nombre de lettres. La plus intéressante de ces lettres, signée d'un nom justement aimé du public, combat en termes d'une inattaquable courtoisie les dires du chroniqueur. Mon correspondant, qui est non seulement un homme d'un talent remarquable mais aussi un parfait galant homme, me taxe de sévérité excessive, — oubliant, à ce qu'il me semble, les justes réserves que j'ai faites. Il atteste que les comédiens sont devenus les plus *bourgeois* des êtres et m'en donne pour preuve cette Société des artistes dramatiques, dont la prospérité est merveilleuse. Outre que l'argument me paraît peu solide, il y a, dans cette rage de « bourgeoisie » qui galope les comédiens, quelque chose qui m'a toujours surpris et choqué.

J'ai assisté une fois, et par le plus pur hasard, à la réunion annuelle de l'Association des artistes dramatiques, et je ne le regrette point. Ce jour-là, les acteurs sont graves et sérieux au possible. Ils pontifient. Daudet, qui connaît à miracle ces natures mobiles et ardentes, vous expliquerait par le menu détail pourquoi, alors même qu'ils font œuvre bonne, ces braves comédiens, inconsciemment et de la meilleure foi du monde, jouent encore un rôle. C'est affaire de tempérament.

Delobelle est très réellement ému. Néanmoins Delobelle n'a pas négligé, à tout hasard, de se faire friser au petit fer. Il écoute la lecture du rapport, la main sur la hanche droite, posé de trois quarts, dans l'attitude où il a été plus d'une fois « acclamé » au troisième acte de la *Dame aux camélias*. Une larme coule le long de sa joue bleuie par l'abus du rasoir lorsque le rapporteur, un grand premier rôle le plus souvent, signale une misère soulagée. Notez que la larme de Delobelle est une larme sincère, une larme *pour de bon* et qui vient du cœur. Delobelle se retourne brusquement, avec l'effet de dos que nous avons tant admiré chez M. Got dans le *Fils de Giboyer*. Il se mouche de façon sonore. Puis, comme ayant honte de sa faiblesse d'une minute, il s'essuie les yeux furtivement, fiévreusement, ainsi que faisait Bocage, le farouche Antony, cachant ses pleurs à Adèle d'Hervey. Et convaincu en diable, pardieu ! Croyez que je ne force pas les couleurs.

Loin de moi la pensée de railler une seule minute. J'estime que l'Association des comédiens est louable au premier chef. Assurer aux invalides le pain des vieux jours, venir en aide à ceux que frappe inopinément la maladie, secourir des infortunes obscures, faire œuvre charitable, en un mot, cela est absolument bien et ne prête guère à la plaisanterie. Ce n'est donc pas de l'Association que j'entends parler. Le fond est excellent, la forme est parfois bizarre. On me concédera, j'imagine, que les comédiens ne savent pas faire les choses comme le commun des mortels. Ils semblent dépaysés dans la vie réelle. Où qu'ils aillent, ils traînent après eux, ces grands enfants amoureux des couleurs vives, comme un reste de maquillage, de clinquant et de paillons. Fatigué des conventions de la rampe, le comédien aspire à toutes les bourgeoisies interdites. Se débarrasser de son fard à grand renfort de cold cream et, en toute hâte, redevenir un homme ordinaire, être reçu au *sein des familles*, comme disait si plaisamment Monnier, voire obtenir la sous-ventrière tricolore : c'est là le grand objectif.

M. Surville, acteur estimable et qui avait toujours des bottes superbes, unit les fiancés dans je ne sais quelle mairie de banlieue. La Parque voudra bien se laisser fléchir et ne pas trancher le fil de mes jours sans que j'aie vu M. Lacressonnière marguillier ou adjoint. Je sais que tous ont de ces ambitions naïves, mais au fond, il faut bien le reconnaître, leur nature est répulsive aux simplicités de la vie. Le vieil homme est là qui n'abdique point. Je viens de nommer M. Surville, auquel je dois les premières émotions vives de mon enfance. Que M. Surville soit franc ! Lorsqu'il lit à deux prédestinés les articles du code, ne prend-il pas une voix sombrée et, malgré lui, d'instinct, ne cherche-t-il pas du regard le profil sévère et connu de M. Artus ? Ne croit-il pas, quand la blanche épousée répond un *oui* timide, qu'un tremolo va se faire entendre ? Il n'est pas bourgeois, il n'est pas maire, il n'est pas Surville, il est *Daubenton* !

Aussi, quand je les vois s'associer, ces artistes, je ne puis m'empêcher de sourire, non, à coup sûr, de la tâche qu'ils ont entreprise et qu'ils mènent à bonne fin, puisqu'ils ont déjà plus de deux millions en caisse, mais de l'incomparable gravité qu'ils affectent. Ils se regardent entre eux et ont l'air de se dire : « Qu'on vienne donc nous parler maintenant du *Roman comique* ! Ils sont passés, ces jours-là ! Voyez notre société, voyez nos statuts, voyez nos urnes — des urnes magnifiques, monsieur. Est-ce que tout cela sent l'histrion ? Nous sommes de vrais bourgeois. Il y aura bientôt des notables comédiens comme il y a de notables commerçants. Le *Bottin* nous a reçus en son giron. Un jour viendra qui n'est pas loin où (joie suprême !) l'artiste dramatique payera patente.

Enfin, le doyen de la Comédie-Française porte l'insigne de l'honneur sur sa poitrine d'homme libre! » Encore un coup, je connais ces tendances. Le père Provost, ce comédien si fin, si narquois et de si haute valeur, ne quittait jamais sa cravate blanche. Un jour, en chemin de fer, on le prit pour un avoué. Ce lui fut une joie.

Certes, elle est quasiment antédiluvienne l'époque où Thespis, barbouillé de lie et de vin, se démenait sur son chariot. Il est loin le temps où la République romaine — drôle de République! — ne permettait qu'aux esclaves de monter sur la scène ; où Plaute et Térence étaient bâtonnés par les chevaliers ; où Spartacus, un comédien rageur, celui-là, s'avisa un beau jour de jouer les *tragiques* dans la rue. On renie de tels aïeux, qui pourtant n'étaient pas les premiers venus. On ne veut même plus se souvenir de la fameuse baraque, si pittoresquement dépeinte par Scarron, où la grosse Bovillon étalait ses grâces. Légendes évanouies ! Seuls, les pensionnaires de M. Delvallée, l'entrepreneur des représentations foraines, ont conservé comme un reflet de ces mœurs disparues.

Cependant, si embourgeoisés qu'ils affectent d'être, ils ne peuvent effacer la tache originelle. Elle est indélébile, cette tache-là, et reparaît quand même, comme autrefois la fleur de lis imprimée par le fer chaud du « gentilhomme rouge ». Ils sont réunis en manière de commission, avec des allures de juges au tribunal de commerce, et marquent une gravité à nulle autre pareille. Puis voilà que tout à coup une exclamation, un geste, un haut-le-corps, un rien trahit l'ancien Spallatro d'un drame quelconque de M. Anicet Bourgeois ou de M. Dennery. Allons, bon sang ne saurait mentir. C'est en vain qu'ils s'efforcent de faire peau neuve ; je les préviens, avec toute la charité chrétienne du monde, qu'ils n'y parviendront pas. Ils sont nés, ces comédiens, dans le beau et ensoleillé pays de Bohême, et, quoi qu'ils tentent, ne failliront pas à leur hasardeuse origine.

Il m'a paru, le jour où j'ai assisté à cette réunion annuelle, que les artistes avaient une façon singulière de faire le bien. Il est hors de doute qu'ils y vont de tout cœur. « Il faut convenir, monsieur, dit la servante classique, vous êtes un bien brave homme. » Eh ! ne sais-je pas que ce sont de braves gens ? Mais, encore un coup; la notion du simple leur échappe. Je me rappelle que feu M. Castellano, alors directeur de théâtre, voulait envoyer cent francs. Un médecin, un avocat, un poêlier-fumiste auraient envoyé tout bêtement cent francs. Vous et moi, lecteur, aurions envoyé tout bêtement cent francs. Ah ! bien oui ! M. Castellano avait commis une infraction ; il s'était condamné à une amende ; il payait cette amende ; il la payait entre les mains de la société; l'amende était de cent francs ; la société touchait cent francs. Un vrai scenario que cette amende-là !

Évidemment, ils font un peu *joujou*. Mais comment ne pas leur pardonner d'inoffensifs enfantillages, à ces comédiens que nous retrouvons toujours, nous journalistes ou gens du monde, lorsqu'il s'agit d'une bonne œuvre? Que de fois Talazac, Melchissédec, Nicot et tant d'autres, qui font payer fort cher leur *fa dièze*, l'ont prodigué gratuitement et à galoubet que veux-tu! Je n'oublie pas que l'un d'eux, M. Berthelier, sacrifia gaiement et sans coup de tam-tam le montant de la représentation à son bénéfice — plus de six mille francs, s'il vous plaît — pour je ne sais quels inondés. De pareils traits sont peu fréquents dans le monde de la draperie, où le comédien brûle du secret désir de faire figure.

Un seul point me gâte les dons à l'Association des comédiens. J'entends parler du « côté des dames. » Il n'est pas rare de voir une jeune personne extraordinairement élégante, qui gagne trois cents francs par mois chez M. Koning ou cinquante francs chez M. Montrouge, envoyer trente louis, montant de trois fauteuils d'orchestre placés *après la représentation*. Ces charités-là ne me disent rien qui vaille. Maintes fois on peut également lire: « Mlle Elluini, cinq cents francs, don personnel. » Si désireux que je sois de venir en aide à ceux qui souffrent et qui méritent, j'avoue que j'hésiterais beaucoup à accepter « un don personnel de cinq cents francs » de Mlle Elluini. Hum! Je me hâte de dire que je n'insiste pas.

Veut-on une conclusion à ce bavardage? Les

comédiens, désireux de relever le gant que leur ont jeté cinq siècles de préjugés stupides, vont trop loin, à mon humble avis. Je ne leur demande pas de revenir au temps où Shakespeare, errant, maudit, les nerfs à fleur de peau, à peu près illuminé, jouait dans les granges des environs de Londres et disait à cinquante paysans, en leur montrant un banc de pierre qui se trouvait là par hasard : « Ceci, ne l'oubliez pas, est le balcon où moi, Roméo, je vais voir apparaître Juliette. » Ces heures d'épreuves sont heureusement passées. Par le temps d'égalité où nous sommes et où nous entendons rester, les comédiens sont des citoyens comme les autres. J'ajouterai que bon nombre d'entre eux sont des citoyens infiniment plus distingués que les autres. Eh bien ! pour l'amour de Dieu, pour l'amour du pittoresque, pour l'amour de l'art, citoyens, ne portez pas trop de cravates blanches et demeurez un tout petit peu cabotins !

HISTOIRE D'UNE PARISIENNE

'est toujours une bonne fortune qu'un livre nouveau de M. Feuillet. Quand je dis « nouveau », j'oublie que je m'adresse à des paroissiens pour qui le fait d'hier est une vieillerie déjà. Or, l'*Histoire d'une Parisienne* a paru il y a pas mal de temps déjà. N'est-ce pas manquer un peu de grâce que de revenir sur un roman de si ancienne date? Il n'importe. Le livre de M. Feuillet me tente d'autant plus que je voudrais chercher une grosse querelle à l'aimable romancier.

J'aime beaucoup le talent joli et hardi tout à la fois de M. Feuillet. C'est un écrivain qui a le respect de sa profession. Il nous console souvent des volumes pornographiques qu'une bande de malfaiteurs littéraires éditent impudemment et impunément à la barbe du parquet. Le parquet a traqué M. Emile Blain et l'a jeté sur la paille humide des cachots, aux applaudissements de tous les honnêtes gens qui tiennent une plume. Puis ce même parquet, qu'on berne comme un simple jocrisse, à l'aide d'une pseudo-esthétique dont l'hypocrisie est facile à démêler, ne lance pas l'ombre d'une assignation contre ces marchands d'ordures qui ne sont les confrères de personne et qui semblent écrire des infamies avec « licence et privilège ». Tel roman ordurier a rapporté cent mille francs à son auteur, qui valait deux ans de prison — sans phrases. Ce que le gros farceur de Médan, boutiquier madré comme pas un, doit se gausser de nous, mes amis, je vous le laisse à penser ! Mais je m'arrête, dans la crainte de passer pour un dénonciateur, — un *sycophante*, dirait M. Ignotus, qui est un bon auteur, — et je reviens bien vite à M. Feuillet.

Il y a une sorte de légende sur l'auteur de tant d'œuvres charmantes et fortes. Il est entendu que M. Feuillet écrit entouré de roses et de gobéas. Il est l'écrivain chéri des dames. Elles se pâment comme des petites folles, rien qu'à lire le titre d'un de ses romans. C'est un régal de cocodette. On jurerait qu'il se dégage du volume à peine coupé une vague odeur d'opoponax. Rien n'est à l'ail et tout est à l'ambre. Moi-même je viens à l'instant, et comme par une force d'habitude, d'accoler l'épithète d' « aimable » au mot « romancier ». Aimable romancier ! L'aimable romancier, c'est M. Feuillet et non un autre. Nous oublions que cet élégant manieur de périodes a peint les plus violentes situations et les passions les plus terribles qu'il y ait. Nous ne voyons en lui que l'auteur du *Roman d'un jeune homme pauvre*, et nous feignons d'ignorer qu'il a écrit *Onesta*, *Montjoie*, *Monsieur de Camors* et *Julia de Trécœur*. Relisez ces quatre œuvres-là et vous reconnaîtrez, j'imagine, que vous êtes en présence d'un mâle.

Le sujet de l'*Histoire d'une Parisienne* est peu compliqué. Mme de Latour-Mesnil a rencontré dans le monde un M. de Maurescamp, homme de haute vie et d'un certain éclat. Heureux à plus d'un sport, M. de Maurescamp est renommé pour ses bonnes fortunes. Il a porté toutes ses préoccupations mondaines sur le cheval et la femme — deux bêtes de luxe. Je retrouve là, à ce qu'il me paraît, un de ces personnages de surface importante que M. Feuillet excelle à dépeindre et qu'il nous a déjà présenté jadis sous le nom de Bévallan. Mme de Latour-Mesnil brûle du désir de marier sa fille Jeanne à ce *galant homme*. Vous n'êtes pas sans savoir que le monde appelle ainsi les gens qui payent à heure dite leurs « différences » de jeu, ne rossent point publiquement leurs maîtresses et sont vêtus de façon correcte. Jeanne de Latour-Mesnil, toute hantée de billevesées romanesques et de généreuses chimères, épouse ce sot. Vous sentez qu'au bout de peu de temps elle comprend l'affreux mariage qu'elle a fait et, colombe effarouchée, replie ses ailes.

Cependant une Mme de Lerne, une « femme du monde » suivant le cœur de M. Feuillet, a un grand fils, Jacques de Lerne, qui s'est jeté inconsidérément dans la vie de plaisir et qu'elle voudrait ramener au bercail par un moyen qui ne viendrait pas à l'idée des vieilles fileuses de laine qui nous ont donné le jour. Elle a rêvé, cette mère ronde-bosse, de faire de Mme de Maurescamp, dont elle a flairé la mélancolique déconvenue, la maîtresse de son fils ; de telle sorte que Jacques de Lerne, trouvant au logis l'utile et l'agréable, abandonnera le foyer de la danse et le café Anglais, où il hantait avec une régularité fâcheuse. Les projets de Mme de Lerne sont déjoués. Jacques et Jeanne sont deux natures d'élite qui se jugent, s'estiment et s'aiment d'une tendresse tout ensemble passionnée et chaste. Tout ce passage du livre, qui fera sourire à coup sûr plus d'un blasé de vingt ans, est tracé par M. Feuillet avec une sûreté d'observation et une vigueur de plume qu'on ne saurait trop louer.

M. de Maurescamp, imbécile habitué à mener les femmes au doigt et à l'œil, est tout étonné de la froideur de Jeanne et devient fou de jalousie vaniteuse en apprenant une liaison dont il est indigne de comprendre le caractère. Il provoque Jacques de Lerne et le tue comme un chien, d'un coup d'épée dans le ventre. La brute croit avoir repris ainsi possession de sa femme. Elle, la colombe, cache au fond de son âme une invincible haine contre le bellâtre idiot dont elle porte le nom. Elle poursuit sourdement, lentement, implacablement sa vengeance. Lui aussi mourra par le fer. Le masque de la mondaine grimace un éternel sourire, pendant que le cœur brisé de l'amante songe au cher mort. Mme de Maurescamp se met tout à coup en frais de coquetterie avec un officier de chasseurs d'assez piètre mine et d'assez mauvaise réputation, mais tireur d'épée hors ligne, M. de Sontis. Un soir, après dîner et dans une scène très trouvée et très bien venue, elle se compromet à ce point avec l'officier de chasseurs que M. de Maurescamp, qui jusque-là semble avoir fermé les yeux, est obligé de faire un éclat. Un duel est inévitable. Jeanne alors éprouve une joie farouche, que M. Feuillet compare très justement à celle qu'on dut lire sur le visage de Marie Stuart quand elle entendit l'explosion qui la vengeait du meurtrier de Rizzio.

M. de Sontis et M. de Maurescamp se battent. M. de Maurescamp reçoit une riposte en pleine poitrine. Il en revient, au grand étonnement du lecteur. Il me semble que le roman de M. Feuillet eût eu plus de logique, de tenue et d'équilibre, pour ainsi dire, si la mort de M. de Maurescamp était venue venger la mort de Jacques de Lerne. Nous nous attendions tous, que M. Feuillet en soit convaincu, à voir trépasser le Maurescamp. Peut-être ce dénouement a-t-il paru vulgaire à l'écrivain. M. de Maurescamp survit, à côté de sa femme, qui est devenue une étrange créature, « froide, railleuse, coquette à outrance, mondaine furieuse, indifférente à tout » — et abonnée à la *Vie parisienne*, je suppose.

Je me suis laissé aller au plaisir d'analyser le livre de M. Feuillet, très remarquable en certaines parties, et je m'aperçois, qu'il me reste peu de place pour développer le reproche que j'entends lui faire. M. Octave Feuillet peint merveilleusement la femme. Il y a d'adorables portraits dans la galerie du romancier : la vieille Mlle de Porhoet-Gaël, Sibylle, Mme de Tècle, Mme de Tècle surtout, et bien d'autres qui ne me reviennent pas à l'esprit. Pourquoi M. Feuillet s'obstine-t-il à fourrer régulièrement dans ses livres la mère élégamment et inconsciemment vicieuse ? L'autre jour, c'était la baronne de Pers ; aujourd'hui, c'est Mme de Lerne. N'attendez pas de moi des phrases toutes faites sur le rôle de la mère dans l'existence d'un homme. Ces phrases-là, on les pense, on les sent, on les vit — on ne les écrit pas. Je constate seulement que M. Feuillet a une prédilection marquée pour les vieilles rôtisseuses de balai qui, munies d'un fils de vingt-cinq ans ou d'une fille de vingt ans, ont conservé des coquetteries quinquagénaires et se pâment comme des gamines dans l'ampleur de leurs jupes.

Vous m'objecterez, avec une apparence de raison, que ce type existe, existe fréquemment et, à ce titre, doit trouver sa place dans l'œuvre du romancier. J'en tombe d'accord, et ce n'est pas là que je cherche noise à M. Feuillet. La comtesse de Lerne a eu des amants. C'est affaire entre elle et son confesseur, ce confesseur qui apparaît à la fin de toutes ces vies enragées de mondaines. Ce qui m'exaspère chez M. Feuillet, c'est l'amusante tranquillité avec laquelle il dépeint ces mères bizarres. Il y en a une de cet acabit dans chacun de ses livres. Croyez-vous que M. Feuillet s'indigne? Point. Il est tout indulgence, tout miel et tout sucre. Voyez plutôt cette silhouette de la vieille comtesse de Lerne, qui joue, en fin de compte, un fort vilain rôle dans le roman :

« ... Mme de Lerne avait toujours été une femme sans principes, mais sans méchanceté, quoique pleine d'esprit. Elle avait eu le bon goût de ne pas devenir prude, après avoir été plus que coquette. Son indulgence pour les faiblesses qu'elle avait connues, son bon conseil, sa situation de famille et de fortune lui assuraient, malgré les souvenirs fort vifs de sa jeunesse, la sympathie générale. Elle avait un salon très recherché, où elle réunissait des hommes distingués appartenant à la politique, à la littérature et aux arts. Elle leur adjoignait quelques jolies femmes pour orner le paysage. »

Certes, voilà une triste femme et qui passe dans le livre avec des allures d'entremetteuse. Je ne demande pas, mon Dieu, que M. Feuillet s'arme du « fouet de Juvénal ». Il n'est pas donné à tous d'avoir les belles colères et les haines vigoureuses de l'homme aux rubans verts. Mais enfin, je voudrais que M. Feuillet se fâchât un tout petit peu. Cette Mme de Lerne a été *plus que coquette* ; elle a connu *bien des faiblesses* ; il est parlé des *souvenirs fort vifs* d'autrefois. N'empêche que la bonne dame jouit de la *sympathie générale*, a un salon *très recherché*, où elle réunit les hommes les *plus distingués* appartenant à la politique, à la littérature et aux arts. Mais c'est la vieille Guimont que cette horreur-là !

Et notez que M. Feuillet estime la chose absolument naturelle. Il ne lui vient pas une idée de blâme. Un petit retour mélancolique de Jacques de Lerne, peut-être, mais si petit ! Non, M. Feuillet se complaît dans la portraicture de ces vieilles mondaines qui « ont fait leurs farces », comme disent les bourgeois de la rue Bourtibourg. Je suis sûr que, au fond, il aime sa comtesse de Lerne. Avoue, lecteur, que, si tu avais une pareille catin pour mère, tu rougirais d'elle jusqu'au front !

Lorsque Félicien Malefille fit représenter, il y a près de vingt ans, à la Porte-Saint-Martin, les *Mères repenties*, un des drames les plus puissants et les plus beaux de notre époque, il y eut un *iolle* d'enthousiasme. Je vous prie de croire que Malefille n'y allait pas de main morte et houspillait à coups de trique les déchues. Il leur montrait, non la *sympathie* et le *salon* de Mme de Lerne, mais l'expiation finale et horrible. M. Feuillet — qui ne se méprendra pas, j'en suis tout à fait persuadé, au sens de ma critique — ne peut se défendre d'un mouvement tendre pour les mères de famille qui ont jeté leur cache-peigne par-dessus les moulins — en sauvant les apparences, grand Dieu ! Le vice propre, bien élevé, parfumé, *saucissonné* par un couturier à la mode, lui semble séduisant et d'agréable compagnie. Comme j'aime mieux le coup de boutoir de Malefille ! Et ne perdez pas de vue que les anciennes rigoleuses de Feuillet, qui conservent la *sympathie générale* et un *salon recherché* jusqu'à leur dernier jour, ont été vicieuses sans amour, sans sursaut d'imagination, sans plaisir même, par genre, par veulerie, après des ventes de charité, bêtement. C'est le vice *de chic* et je n'en sais pas de plus odieux. Je les connais, ces femmes du monde de M. Feuillet. Elles ne donnent pas le sein à leurs enfants, elles les abandonnent à la valetaille, elles les ignorent. Filles du peuple, elles les auraient peut-être jetés dans les cabinets d'aisance. Mais elles pleurent comme des Madeleines, en entendant la musique de M. Gounod ! Quelles ridicules et répugnantes poupées ! Elles n'ont pas même, et c'est Feuillet que j'invoque ici à l'aide de vagues ressouvenances, elles n'ont pas même, ces banales vicieuses, femmes perdues et mères irrépenties, l'excuse des affolées de faux idéal, des chercheuses d'inconnu qui désirent quand même entendre un hymne brûlant de passion avant de mourir — dussent-elles mourir pour l'avoir entendu !

LES MARIS

Ils vont bien, les maris. Il n'est pas de semaine où les reporters ne nous racontent — sous la rubrique : *les Drames du mariage* — des scènes à faire dresser les cheveux sur la tête. Le mariage n'est plus, comme au temps de nos pères, un simple échange de mauvaise humeur pendant le jour et de mauvaise odeur pendant la nuit ; c'est aussi — et surtout — un échange ininterrompu de coups de couteau et de coups de revolver. L'assassinat des dames a beaucoup donné ces temps-ci. Hier et avant-hier, deux maris, de ceux dont Rochefort dirait sans doute qu'ils ont la *corne* sensible, ont littéralement mis en marmelade la compagne de leur existence. Le second, particulièrement fantaisiste, un nommé Verner, a jugé goguenard, après avoir transformé sa femme en une espèce de morceau de veau entrelardé, de se frapper lui-même dix-sept fois avec une paire de ciseaux longs comme les pieds d'une ingénue du Vaudeville. Il est grand temps que les maris veillent sur leurs actions. Encore quelques scènes de ce genre, et ils justifieront tout à fait le titre connu d'une pièce de Labiche.

C'est une fièvre. La province qui ne veut jamais avoir le dernier mot et tâche d'éclipser la capitale en toute chose, a forcé la note. Il nous arrive des sous-préfectures les plus extravagantes des télégrammes dont chacun pourrait fournir le sujet d'un énorme mélo à l'inépuisable William Busnach. Il est clair pour moi que ces maris atrabilaires ont lu beaucoup de mauvais romans. Au lieu de prendre leur mal en patience, si mal il y a, ils veulent tout de suite jouer les grands premiers rôles et s'érigent en *justicier de leur honneur*, comme M. Lacressonnière dans les pièces de M. Dennery. Un tas de bêtises, entre nous. Il serait si simple de prendre paisiblement les choses et de ne point changer en un drame éternel cette amusante pantalonnade qui s'appelle la vie !

Il faut reconnaître que le Code est le premier coupable. Lorsqu'un mari trouve sa femme en « conversation criminelle », pour employer le chaste euphémisme de la loi, il a le droit de frapper à tort et à travers, sans que la vindicte sociale — représentée par un avocat général qui, cette fois, fait buisson creux — puisse l'atteindre en aucune manière. L'époux est, en pareil cas, souverain juge. Toute arme lui est bonne. Il supprime les deux amants et va se présenter, avec un sourire un peu gêné, devant le commissaire de police du coin, auquel il narre sa petite aventure. « Malepeste ! se dit le commissaire de police, voilà un gaillard qui n'a pas froid aux yeux ! » Le parquet s'émeut ; l'affaire s'instruit ; le mari sort de l'audience couvert de fleurs. Ce n'est plus un Sganarelle, c'est un Othello. Les femmes le considèrent avec une terreur respectueuse.

Comme le Code est un peu semblable au bon Dieu, et fait bien tout ce qu'il fait, je ne veux pas prendre à corps ce bizarre article de la juridiction pénale qui, parlant de l'époux assassin, dit : « ... *est excusable* ». A coup sûr, les gens mariés qui ont élaboré cet article, d'où s'exhale comme une odeur de sang, ont cru sagement faire. Vous choisissez une jeune fille qui sort d'un pensionnat des plus recommandables ; vous la conduisez, rougissante et munie d'une dot, devant l'officier de l'état-civil et devant un ecclésiastique excessivement vénérable ; aux yeux de tous, vous êtes un heureux époux, en passe de devenir un heureux père. Voilà qui va bien. Deux mois après, vous trouvez votre femme et votre meilleur ami en train de *faire la bête à deux dos*, ainsi que parle le Yago de Shakespeare. Et, après un massacre exemplaire, vous vous croyez à l'abri de la seule chose que vous redoutiez au monde : le ridicule !

Pauvres nous ! Ne donnons-nous pas là, au contraire, la plus grande preuve de faiblesse qui se puisse imaginer ? Beaumarchais crie bien haut : « Femme ! Aucun être créé ne peut faillir à son instinct. Le tien est de tromper ! » Eh bien ! quoi ? Elle n'a pas failli à son instinct et nous a trompés. Après ? Elle avait sans doute ses raisons, la pauvre âme ! Son mari portait peut-être des nœuds tout faits, et elle adore les cravates La Vallière ! En faut-il plus ? — Prendre des airs de matamore, rouler des yeux effroyables, déranger pour la circonstance le correct aspect d'une panoplie, marcher dans le sang comme le faisait M. Mélingue, pourfendant les maheustres, les croquants et les francs-mitous — à quoi bon tout cela, vertu de la madone ?

Je le sais, on ne raisonne pas ces choses. J'ai vu de braves et de bons êtres se tordre de désespoir, mordre leur oreiller, pleurer comme des enfants et demander le sommeil aux pilules du docteur Collin, parce qu'une dame avait négligé de réintégrer le domicile commun durant trois ou quatre nuits successives, s'étant attardée comme par hasard dans la chambre garnie d'un chanteur comique de la Renaissance. La *Gazette des Tribunaux* nous racontait il n'y a pas longtemps que, dans un quartier excentrique, un mari affolé avait avalé un petit verre de poison et avait expiré au milieu d'horribles douleurs, ne pouvant supporter la conduite plus que légère d'une femme adorée et volage. Est-ce que la plus laide moitié du genre humain finirait par perdre absolument la tête? Ce n'est pas du scepticisme affecté, c'est du simple bon sens que de recommander le calme à ces cerveaux troublés. Pas de revolver, pas de poignard, pas de poison, pas de troisième acte de l'Ambigu! Il faut une bonne fois remplacer cette mise en scène, qui a fait son temps, par une douce et aimable philosophie.

Verner, le pauvre Verner, qui a procuré de la copie à quelques-uns de mes confrères et qui m'en procure à moi-même, est un des adeptes — j'allais écrire : une des victimes — de Dumas fils. Ce que ce séduisant et harmonieux arrangeur de phrases a causé de désastres, je serais impuissant à le retracer! Son « Tue-la » a eu la force d'un mot d'ordre passivement accepté. Et voyez comme lui-même s'écarte parfois de ses prémisses! Quoi de plus illogique que la conclusion de la *Femme de Claude*? « Et maintenant, allons travailler! » Elle était si peu de chose, la guenon du pays de Nod, que Claude, après l'avoir supprimée, ne songe plus qu'à son labeur. Alors, pourquoi l'avoir tuée? Ce : « Et maintenant, allons travailler! » est d'un superbe et formidable dédain, mais par cela même constitue la négation formelle du point de départ de Dumas.

J'imagine un homme entre deux âges, revenu

des premières et naïves illusions de la vie, qui rentre chez lui à l'improviste et assiste à un spectacle qui, pour n'être pas neuf, n'en est pas plus consolant. Que fera-t-il? Hâchera-t-il les coupables? Ameutera-t-il, haletants de curiosité mauvaise, les valets de chambre et les cuisinières de la maison? Oh! que non pas, vraiment! Il congédiera tout d'abord l'amant surpris, — qui aura assez piteuse mine. Entre l'amant et lui, l'affaire sera réglée sur un autre terrain : il est des conventions sociales qui s'imposent.

Puis, se tournant vers la femme, l'homme entre deux âges, et revenu des premières et naïves illusions de la vie, lui tiendra le langage suivant, lequel sera tout à la fois la conclusion et la morale de cette chronique :

« Ma chère amie, je serai bref. Vous êtes bien, vous et les vôtres, les bipèdes les plus extraordinaires qui existent sous le ciel. Je n'ai pas besoin de vous dire que je ne me juge pas le moins du monde déshonoré par votre conduite. Je comprends mon honneur autrement et mieux. Soyez sans crainte. Je n'imiterai pas Verner et ne courrai point par les appartements, criant, pleurant, brandissant des instruments de carnage. Ces allures ultra mélodramatiques ne me disent rien qui vaille. Aussi bien, une femme comme vous ne vaut ni une larme ni un coup de couteau. Le jeune gentilhomme que je viens de rencontrer ici a fait sans doute, grâce à sa raie correcte et à son monocle immuable, une impression profonde sur votre belle âme, puisqu'un concile, dont je ne me rappelle plus la date, a décidé que toutes les femmes, jusques et y compris les *divas* d'opérettes de ce temps-là, avaient une âme. Je n'essaierai pas de rivaliser une minute avec ce charmant arbalétrier. Vous allez me faire le plaisir de déguerpir immédiatement de chez moi. Vous irez le rejoindre, si bon vous semble. Vous continuerez à porter mon nom, attendu que, jusqu'à ce jour, aucune loi ne me permet de vous le retirer. Je m'en console sans peine, à vous dire vrai. Je suis un honnête homme et vous mets au défi de me rendre ridicule. Sur ce, chère madame, bien le bonsoir. Allez-vous en et prenez garde aux voitures. »

L'ÉPURATION

ous traversons une époque éminemment morale. Comme les femmes, les nations ont des crises d'honnêteté. Le mot « épuration », d'un français un peu bien douteux au sens où on l'emploie, est le mot qui a cours en ce moment. Du haut en bas de l'échelle, c'est à qui épurera le plus et le mieux. Remarquez que je ne m'en plains pas. J'ai été de ceux qui ont applaudi des deux mains l'énergique initiative de M. Camescasse. Il avait poussé ferme, dès le premier jour, à l'éternel et pâle voyou dont les accroche-cœur et la casquette étagée paraissent être les emblèmes professionnels. Déjà il nous avait délivrés de cette abominable racaille. Et le voilà qui abandonne la partie !

J'ai présenté les objections qui faisaient de ces *rafles*, pour parler l'argot de la rue de Jérusalem, des rafles purement platoniques. N'empêche que l'intention y était. On arrivera sans aucun doute, grâce à la loi qui se mitonne dans les cartons du ministère de l'intérieur, à nous débarrasser un bon coup de ces drôles qui tiennent le haut du pavé, durant que les drôlesses occupent le trottoir. Depuis la rue Lepic, qui est le mont Aventin de la prostitution au rabais, jusqu'aux boulevards élégants, ce n'était du matin au soir qu'une longue traînée de souteneurs et de filles à quatre sous. Le souteneur était devenu l'homme d'une profession reconnue. Les indulgents, de ceux qui ne se sentent de tendresse que pour les hontes, auraient bien voulu qu'on se contentât de faire payer une patente à ces singuliers industriels. Le préfet de police a ingénieusement remplacé la patente par des coups de matraque. Or, l'épuration ne fait que commencer. De la rue, elle se hisse au théâtre. Et ce bon M. Vaucorbeil, impresario à cheval sur les principes, contempteur des Folies-Bergère et autres skatings, s'avise de jouer au Camescasse.

Les pudeurs mises en émoi du public de l'amphithéâtre ont légitimement préoccupé M. Vaucorbeil. On lui a conté que des dames, qu'aucune ceinture dorée ne recommandait à l'indignation des contrôleurs, venaient de scandaliser les bourgeoises habituées de l'amphithéâtre de l'Opéra. Ces hétaïres (je parierais une forte somme que M. Vaucorbeil dit : hétaïres) arrivent en toilettes tapageuses, décolletées à faire frémir de la nuque au talon un collégien ivre de désirs, d'allure délibérée, parlant haut et cru. Naturellement, le directeur de l'Académie nationale de musique a bondi, s'est élancé sur sa plume fidèle et a libellé un décret d'ostracisme contre les belles petites, de haute bicherie ou demi-castors, qui avaient l'audace de porter une aussi grave atteinte à la virginale réputation de l'Opéra.

Je ne fais pas un crime à M. Vaucorbeil d'avoir voulu préserver son amphithéâtre de cette lèpre de courtisanes. L'excellent homme a obéi à un de ces mouvements du cœur dont on n'est point le maître. *Lever* des rastaquouères aux sons de l'excitante musique de Gounod, lui a paru être une odieuse manœuvre de la dernière heure. Il a agi contre l'envahissement des classes trop dirigeantes que vous savez et essayé de faire lui-même la police de son théâtre. Je ne l'en blâme point.

Il est clair qu'une mère de famille, désireuse d'initier sa «demoiselle» aux charmes de *la Favorite*, délices des bourgeois, doit être médiocrement satisfaite si deux belles petites, placées tout juste à côté de sa fille, échangent un dialogue dans ce goût douteux : « Vois-tu le petit Raoul, ma chère ? — Où ça, ma chère ? — Au second rang des fauteuils d'orchestre, ma chère. — Ce petit blond avec un monocle, ma chère? — Oui, ma chère. — Il est gentil, ma chère. — Très gentil, ma chère, mais «floueur» comme pas un. Ce qu'il m'a *placé un lapin* l'autre soir en sortant

de la Maison-d'Or, ce n'est rien que de le dire ! »
La mère de famille, qui ne comprend pas la
valeur intrinsèque de chacune de ces expressions,
en démêle vaguement le sens général et donnerait quelque chose pour n'être pas venue à
l'Opéra. Cependant, ne l'oubliez pas, au moment
même où cette mère de famille s'indigne en son
particulier, la toujours belle Mme X... se démène
comme une anguille sur la scène et, se renver-
sant dans les bras un peu fatigués de M. Mérante,
exhibe aux regards ravis de *ces messieurs* du Jockey
des charmes qui de longue date ont fait leurs
preuves.

Ainsi que les articles dénués de sanction du
Code pénal ressemblent au trait sans force du
vieux Priam, tout de même les ukases de l'auto-
crate de l'Opéra tomberont net, — étant donnée
l'impossibilité d'une exécution pratique. Où
commence et où finit la fille ? Je défie bien, en la
période troublée où nous sommes, le plus expé-
rimenté des Parisiens de ne pas s'y tromper. M. le
contrôleur en chef, personnage grave et cravaté
de blanc jusqu'aux yeux, sera-t-il autorisé à user
d'une façon de questionnaire à l'égard des dames
qui franchiront le seuil de l'Opéra ? « Pardon,
madame. L'opoponax qui se dégage de votre
gracieuse personne est un opoponax de dernière
qualité. C'est là une odeur à laquelle je ne saurais
me méprendre. Mme la baronne de P... n'a jamais
été opoponaxée de cette manière-là. Vous êtes

une cocotte. La pudeur bien connue de M. Vaucorbeil me fait un devoir de refuser vos dix-sept francs. »

Bien plus, s'il me prend fantaisie à moi, chroniqueur dénué de préjugés et ayant toute honte bue, de mener à l'amphithéâtre une jeune personne nommée Pepita et qui fait de cette locution bizarre : « *C'est que j'tousse !* » un abus que je reconnais fâcheux, de quel droit M. le contrôleur s'opposera-t-il à l'entrée de Pepita, accompagnée d'un *cavalier*, comme disent les affiches de bastringue? Que M. Vaucorbeil en soit persuadé, il y a là des difficultés sérieuses.

Déjà les gens de cheval, — et ainsi j'entends les *sportsmen* et non les valets d'écurie, avec qui lesdits sportsmen ont plus d'un point de ressemblance, — déjà les gens de cheval avaient tâché de se garer des filles et de moraliser le *ring*. Ils n'ont pas pu moraliser le *ring*, ces austères améliorateurs de la race chevaline. En dépit de toutes leurs précautions, des demoiselles maquillées comme Paul Legrand et affublées de cheveux extravagamment rouges ont continué d'envahir les places réservées aux grandes dames, lesquelles grandes dames sont d'ailleurs plus maquillées, plus « Titien » encore. Il paraît qu'on a dû renoncer à cette tentative, laquelle fait le plus grand honneur aux sentiments de haute dignité qui ont toujours animé les membres du *betting*.

Tout ça, c'est la faute des belles mondaines. Le

jour où les belles mondaines, célébrées par les reporters de salon, et dont quelques-unes ressemblent — en laid — à l'acteur Hyacinthe, consentiront à être à peu près convenables, il sera facile de reconnaître les filles et de les expulser. Mais jusque-là l'éternelle question de l'ivraie et du bon grain demeurera pendante. Ni vu, ni connu, je t'embrouille. Je suppose que Mlle Delphine de X..., qui a détroussé trois générations, et Mme la comtesse de S..., qui a trompé le plus brave, le plus loyal et le meilleur des hommes avec une demi-douzaine de gâte-sauces, se présentent de front devant le comptoir où trône M. le contrôleur sus-indiqué. Qui est-ce qui sera embarrassé? M. le contrôleur, à coup sûr. Il risquera fort de « s'ingérer en méprise », ainsi que l'écrivait Voltaire à l'indulgente marquise de Mineure. Si, par fatalité, il faisait un grand salut à la vieille Delphine et boutait dehors la patricienne aux gâtes-sauces, je demanderais à contempler une minute le profil courroucé de M. Vaucorbeil.

L'épuration est en soi une chose excellente, à condition toutefois que l'épuration soit possible et d'une pratique acceptable. Sinon, que les moralistes nous laissent une bonne fois tranquilles avec leurs vieilles rengaines. M. Camescasse, lui, a beau jeu, quand il s'en prend à ces pauvres vagabondes munies ou non munies de cartes révélatrices. Mais là-haut, à l'Opéra, au milieu des belles dames qui se dépoitraillent et s'affichent comme des traînées de carrefour, où diable voulez-vous prendre votre point et diagnostiquer sûrement? Je suis allé souvent à l'amphithéâtre de l'Opéra et, la dernière fois que je m'y suis trouvé, j'avais à côté de moi une demi-mondaine qui ne me connaît point, mais que je connais. Elle était digne, réservée, de très bonne tenue, ma foi, et, néanmoins, aurait laissé tomber ses derniers voiles moyennant une quinzaine de louis spirituellement offerts. Dans une loge de côté, bien au contraire, une grosse dame bruyante, dépenaillée, flanquée de deux messieurs à la calvitie particulièrement distinguée et décorés comme des panneaux, faisait retourner toutes les têtes. Je l'aurais étranglée, cette descendante des Guéménée ou des Gaëls, qui m'empêchait d'entendre la Krauss! Eh bien! c'était elle, cette abonnée quadragénaire de la *Vie parisienne*, qui était la grande dame! Et ma silencieuse voisine était ce que nous autres, gens du faubourg Saint-Germain, nous appelons « une espèce ». Pauvre fille, va! Un mot de toi — et je t'aurais payé pour deux cents francs de parchemins, à seule fin de faire enrager la vieille de la loge. — Donc, épuration, soit. Mais épurons d'abord le grotesque monde des cocodettes, monsieur Vaucorbeil. Pour les cocottes, nous verrons plus tard.

UNE ANNONCE DE JOURNAL

E pourrais intituler cette chronique : « Pierre et Gontran », et y ajouter même ce sous-titre qui reporterait le vieux vaudevilliste Dupin aux jours de sa brillante jeunesse : « ou les frères ennemis ». J'imagine que Pierre ne professe pour Gontran qu'une estime médiocre. Tout me porte à croire que, de son côté, Gontran fait une certaine *musique* quand on prononce devant lui le nom de Pierre. Oyez plutôt : Pierre annonce à son de trompe, en première page d'une grande feuille et moyennant un ou deux louis la ligne, qu'il n'entend à aucun prix répondre des folies de Gontran : « Pierre Delport informe le public qu'il ne payera aucune dette contractée par son frère Gontran. » Ces deux lignes m'ont plongé dans un étonnement que nul, pas même moi, ne saurait dépeindre, et que je ne saurais mieux comparer qu'à la stupéfac-

tion évidemment colossale qui a fait tomber les deux bras de la Vénus de Milo.

Cette annonce est toute une révélation. Jusqu'ici les créanciers de Gontran étaient tranquilles. Ils s'en allaient par les rues, joyeux, ne doutant pas une minute du recouvrement de leur *petite note*. « C'est une affaire de temps, disait le bijoutier au tailleur. Ce Gontran est un panier percé. Gentil garçon, d'ailleurs, qui achète sans marchander et reconnaît d'un trait de plume toutes les factures imaginables. Un vrai gentilhomme, ma foi! Entre nous, il a brûlé la chandelle par les deux bouts et n'a pas un radis. Mais Pierre est là. Avec Pierre, rien à craindre. Quand il dit *oui*, c'est *oui*. Aussi, moi, j'ai fait à Gontran un crédit illimité. » Le tailleur, un bon Alsacien-Lorrain, livrait à Gontran un nombre incalculable de *suits*. Gontran était fier et superbe. Tout allait bien.

Puis voilà que, subitement, Pierre ferme sa bourse et entend que nul n'en ignore. La petite note publiée dans les journaux a dû refroidir singulièrement l'enthousiasme des fournisseurs. Gontran, qui, la veille encore, passait à leurs yeux pour avoir acheté le fonds de feu M. de Grammont-Caderousse, est le dernier des derniers, un rien de rien. « J'aurais dû m'en douter, murmure le loueur de voiture, ce gaillard-là marquait mal. C'est un pas grand'chose. Quant à Pierre je le jugeais mieux. J'aurais cru que, du moment qu'il *s'agissait de l'honneur de la famille...* » Je ne sais pas si vous avez remarqué que les fournisseurs, qui flanqueraient leur fils du haut en bas des escaliers plutôt que de lui payer une « culotte » de treize francs soixante attrapée au petit café du coin, se plaisent toujours à supposer chez les autres un vif sentiment de l'*honneur de la famille*. En tout cas, je n'aimerais pas bien à me trouver en ce moment-ci dans la peau de Gontran. Depuis quarante-huit heures que la note a paru dans les feuilles, je suppose qu'il a dû entendre tinter les coups de sonnette les plus secs et les plus significatifs du monde.

Aussi bien, observez en cette affaire l'influence des prénoms, Pierre et Gontran ! Pierre est un peu lourd, mais exhale comme un parfum de travail et de régularité. Je ne me représente pas un nommé Pierre jouant les jeunes fous, pariant aux courses, descendant l'escalier du café Anglais d'une allure incertaine et disant au chasseur, le cigare mâchonné aux lèvres : « Eh bien ! et ma voiture, insecte ? » Non. Pierre est l'homme du labeur. Pierre voit se lever l'aurore, descend à son bureau (car Pierre est certainement *dans les affaires*), malmène les employés en retard, pâlit sur le « doit et avoir », déjeune et dîne avec l'appétit que Dieu accorde aux justes et, le soir venu, essaie de faire loyalement un enfant à sa femme. Mais Gontran ? Eh ! Gontran ! Il me paraît que ce prénom-là sent son poisseux à plein nez.

Il est certain que Gontran fait la fête. Le père

de Pierre et de Gontran, venu à Paris en sabots, chaussure incommode, mais traditionnelle, a dû faire une grosse fortune. Pierre a hérité du *pas de porte*. Gontran, lui, le plus jeune, qui a connu au collège des « jeunes gens bien », a eu de bonne heure des appétits de luxe. Au sortir du collège, il a continué de voir les camarades élégants. De Maison d'or en *betting*, il en est arrivé, les israélites aidant, à croquer sa légitime. Puis il a vécu sur son crédit. Pierre est venu plus d'une fois au secours du petit frère. De guerre lasse, il a bouclé sa caisse, dont les lettres immuables ont le terrible mutisme des choses. Gontran traite son frère de bourgeois et parle vaguement de revolver. Le coup du suicide ne produisant plus d'effet, la rupture est arrivée. Pas vrai, lecteurs, que vous vous figurez bien ces scènes connues ?

Peut-être aussi Gontran a-t-il une grande passion au cœur. Il se ruine pour une femme — *qui n'est pas comme les autres*. Antonia lui a juré sur la tête de son enfant (il faut que les enfants aient la tête rudement chevillée aux épaules pour résister aux serments de mesdames leurs mères) que jamais, avant qu'elle le connût, elle n'avait compris le véritable amour. C'est lui, lui, Gontran, et non un autre, qui lui a révélé le grand arcane. Ah! si elle pouvait se passer du vieux baron ! Là-dessus, Gontran, qui a le cœur serré comme dans un étau en pensant au vieux baron, jette des sacs d'or aux pieds énormes de cette dame relevée par l'amour, laquelle dame les porte incontinent — les sacs — à un mélancolique baryton de l'Alcazar ou de l'Eldorado. Mettez-vous à la place de Pierre. Pierre est furieux !

Je me voudrais mal de mort si ce badinage de plume touchait à une grosse situation de famille. A dire vrai, j'ai tout lieu de supposer, étant donnés les termes de la note publiée, qu'il s'agit simplement d'un aimable viveur, dont un frère, sans doute lassé, ne veut plus encourager les fredaines. Je parierais volontiers que je ne suis point dans l'erreur et ai bien flairé le petit roman qui se cache derrière les deux lignes que Pierre Delport vient de jeter aux populations avides de saine littérature. Néanmoins, que Pierre Delport me permette de le lui dire avec ma franchise habituelle, il me semble que cette note austère et menaçante tout à la fois n'a guère de raison d'être. A quel titre, je me le demande sans pouvoir me répondre, les créanciers de ce polisson de Gontran, de ce Gontran talon-rouge, viendraient-ils le relancer au gîte, lui, le placide Pierre ? Pierre fait honneur à ses affaires, nul n'en doute, et paye rubis sur l'ongle ses effets lancés dans la circulation. Le jour où, par malechance, il y aurait un protêt, voire une *souffrance*, Pierre serait homme à aller chercher dans le lit humide de la Seine la suprême expiation de son déshonneur ; la chose est entendue. Alors pourquoi tant de craintes et de précautions ?

Il y a, ô Pierre, dans un petit volume que vous n'avez jamais feuilleté, sans doute, un titre spécial, relatif aux responsabilités de cette nature. Vous êtes indemne, Pierre. Gontran peut signer, après une nuit vénitienne, un nombre de billets fantastique à l'ordre de Mlle Antonia, susnommée; vous ne devez en avoir souci le moins du monde. Je ne m'explique pas, je l'avoue, l'implacable attitude de ce frère courroucé.

Chacun comprend l'honneur à sa façon. Si les Delport rougissent de honte à la pensée qu'un des leurs, le sieur Delport (Gontran), est capable de compromettre la signature de la famille, qu'ils avisent d'autre sorte. La protestation de Delport (Pierre) est un enfantillage. De deux choses l'une : ou ils sont les Delport ou ils sont les Guémenée. S'ils sont les Delport, chacun pour soi et le tribunal de commerce pour tous. S'ils sont les Guémenée, pas d'annonce et payement à caisse ouverte. C'est une question de portraits d'ancêtres. Les Delport ont-ils des portraits d'ancêtres? Tout est là.

Il est des cas où le code, ce code rédigé par un tas de gens du « tiers » qui étaient effroyablement terre à terre et pot-au-feu, permet aux créanciers d'élever une juste réclamation. Il est clair qu'un couturier peut tenir à un mari désagréablement étonné le langage suivant : « Monsieur, j'ai fourni à madame une énorme quantité de robes d'une forme ridicule, mais d'un prix élevé. Ce n'est pas à *votre dame* que j'ai fourni ma marchandise, mais bien à vous, chef et responsable de la communauté. Je savais, de source sûre, que madame, qui est une lionne, mais non une lionne pauvre, avait un mari riche. Si vous ne me payez pas *illico*, je vais courir d'un pied léger chez l'agréé du coin. » Là-dessus le conjoint règle la facture, s'il n'a pris au préalable la précaution de faire *assavoir* que les dépenses luxueuses de madame ne le concernaient d'aucune façon.

Mais un frère ! Pourquoi diable un frère serait-il contraint de solder les petites orgies de son frère? Pierre Delport, encore un coup, me paraît en proie à des terreurs puériles. Sans compter que cet exemple peut devenir contagieux. Je ne serais pas surpris qu'entraîné par ce courant j'en vinsse, moi qui suis bourgeois jusqu'aux ongles, à redouter les dépenses excessives de qui que ce fût. Attendez-vous donc, abonnés de l'*Evénement*, à lire sous peu cette note singulièrement édifiante : « M. Léon Chapron informe le public qu'il ne payera aucune dette contractée par son confrère M. Jules Delval. » Tiens ! On ne sait pas ce qui peut arriver !

LES GANTS ET LES SOULIERS

DE MADEMOISELLE D'IMÉCOURT

 Aubépin est un magistrat intelligent, honnête et ferré sur la jurisprudence. Ce bon juge n'a qu'un défaut : il brûle secrètement du désir d'être considéré comme un *homme du monde*. Je m'explique. Nul ne saurait faire un crime à un magistrat d'abandonner les formes rudes, rogues et hargneuses où se complaisaient les anciens porcs-épics du Palais, — l'honneur de la corporation, s'il vous plaît, messieurs les justiciables. S'il n'était question que de rendre la justice moins hautaine et plus aimable, nous n'aurions que des compliments à adresser au président du tribunal de la Seine. Le malheur est que M. Aubépin comprend de toute autre sorte le sens mystérieux de ce vocable : homme du monde. Il s'imagine, à ce qu'il me paraît, que la première fonction de l'homme du monde, vérita-

blement digne de ce nom, consiste à n'user d'aucun ménagement envers les humbles et à se montrer d'une rare complaisance envers les gens « doués d'une surface ».

L'autre jour, les journaux réactionnaires annonçaient, avec une nuance de satisfaction qui ne m'a point échappé, que M. Aubépin avait *habilement escamoté le jugement*, au début de l'audience. Il s'agissait d'un litige assez fâcheux où le fils d'un ancien conseiller à la cour de cassation jouait un rôle que je ne veux même pas apprécier. Voici qu'aujourd'hui, dans le procès Musurus-Imécourt, le même M. Aubépin, toujours homme du monde jusqu'au bout des ongles, a formellement interdit le compte rendu des débats. Notez que cette interdiction formelle ne va pas m'empêcher une minute de fouiller jusqu'aux entrailles de ce procès — et cela sans que M. le procureur de la République puisse élever l'ombre d'une réclamation. Néanmoins, il convient de s'étonner des singulières tendresses dont les uns sont l'objet, alors que les autres sont le plus souvent traités comme des rien de rien.

Je parierais ma tête — préalablement déposée chez M^es X*** et son collègue — que si j'enlevais la petite Pitou, une gamine à cheveux frisottés, qui aime Musset et me frotte les pieds sous la table, le président du tribunal de la Seine n'aurait à mon égard, au jour du procès, que des façons d'agir d'une civilité douteuse. La mère Pitou, qui est mauvaise comme la teigne et n'entend rien aux poésies du forgeron de Gretna-Green, me ferait éreinter par son avocat. Inutile de dire que je prierais Cléry ou Carré de casser d'énormes pains de sucre sur le chef de la mère Pitou. La lutte se passerait au su et vu de tous. Il est hors de doute que M. Aubépin ne jugerait pas convenable de prononcer une manière de huis-clos en l'honneur d'aussi piètres personnages que les Pitou et les Chapron. Les Pitou et les Chapron n'auraient plus qu'à rentrer dans leur castel et à voiler d'un crêpe les portraits de leurs aïeux.

L'inconvénient est que la précaution prise par M. le président Aubépin tombe dans l'eau par ce fait que ce même procès en nullité de mariage est porté devant le tribunal ecclésiastique de Rome. Nous trouvons là des pièces dont nous avons le droit de nous emparer sans porter la moindre atteinte à la décision des magistrats de la Seine. Le débat religieux, à la différence du débat civil, est public. J'ajouterai que le gazetier doit se montrer particulièrement circonspect en cette aventure, attendu que le procès Musurus-Imécourt, où d'aucuns ne veulent voir qu'un scandale du haut monde parisien, me semble, à moi, fertile en douloureux enseignements. L'honneur et l'avenir d'une jeune fille, quelle que soit cette jeune fille, sont en jeu. Il suffit. Ce serait manquer de la plus vulgaire convenance que de railler, même du bout de la plume, une situation de famille qui ressemble beaucoup plus, je vous en réponds, à un gros mélodrame qu'à un vaudeville.

Je me bornerai à reproduire quelques lettres, dont une, notamment, m'a profondément touché. Mlle d'Imécourt, que sa mère veut aujourd'hui faire passer pour une inconsciente, voire pour une « somnambule », et qui a eu le triste courage, cédant à des suggestions que vous comprenez sans peine, de rayer d'un trait de plume, dans une sèche déclaration de la dernière heure, la fraîche idylle de sa dix-huitième année, Mlle d'Imécourt a eu des échappées de tendresse sur lesquelles elle essaierait en vain de revenir. Était-elle, ainsi que le prétend Mme d'Imécourt, sous l'influence « d'hallucinations et de crises nerveuses », lorsqu'elle écrivait à M. Musurus :

« 18 janvier 1879.

» Combien j'ai été heureuse et touchée, mon cher Paul, de voir que vous ne m'avez point oubliée ! Et quelle douce émotion j'ai ressentie en regardant votre cher portrait et en reconnaissant votre cher visage !

« Oui, oui, je vous aime et je vous ai toujours aimé, depuis le jour où je vous ai vu pour la première fois. Je n'ai plus eu de repos. Je vous ai pleuré nuit et jour pendant longtemps. Jamais un instant ne s'est écoulé sans que je pense à vous.

» Ma mère, vous le savez, est inflexible. Mais, Paul, je vous en prie, employez tous les stratagèmes possibles pour fondre son cœur glacé. Je ferai de mon côté tout ce qui sera en mon pouvoir, et alors j'espère que vous vaincrez.

» Paul, je vous aimerai toujours. »

Certes, ce n'est ni une folle, — ni une nymphomane, grand Dieu! — qui a écrit cette lettre brûlante d'un ravissant amour. Une romanesque, me direz-vous. Ah! bonté du ciel! ne vous moquez pas trop du roman. Qui sait si, après tout, ce roman, que plaisantent parfois les sceptiques, n'est pas l'excuse de la vie? Cependant, je ne puis me défendre d'un sourire quand je vois à quel usage Mlle d'Imécourt, la jeune *ensorcelée*, faisait servir la religieuse pratique du mois de Marie.

« Lundi soir.

» Cher ami,

» Quel bonheur! Je vais donc t'apercevoir demain! Le temps me semble long! Je voudrais pouvoir être toute la journée près de toi et te répéter combien je t'aime, combien je suis heureuse de t'appartenir.

» Sois demain devant Sainte-Clotilde, à une heure et demie. On m'a chargée des quêtes pour le mois de Marie; tu serais bien aimable de me donner une petite offrande.

» Je couvre de mes plus tendres baisers ta

douce figure, tes doux yeux noirs où j'aime tant à me mirer. »

Je laisse de côté toute une partie de cette correspondance amoureuse. J'ai le regret d'y rencontrer des vers. Voilà le chiendent : je ne me le dissimule pas. Les vers de Musurus-Bey ont encore une tournure à peu près sortable. Mais les vers de Mlle d'Imécourt! Elle *entrevoit la lumière d'un beau jour*, la pauvre âme! Elle trouve que *le joug de son ami est aimable!* Et quelles rimes, mes enfants! Des rimes à inscrire au bureau de bienfaisance! Et comme j'aime mieux cette prose si ardente et si simple à la fois :

« Mon Paul adoré,

» Je ne puis te dire combien j'ai été bouleversée de ta lettre. Non, mon Paul, je ne veux pas que nous soyons maudits par ton père. Jamais, plutôt mourir!

« Que faire cependant? Il faut partir le mois prochain : il n'y a pas à dire.

» *Mes gants blancs et mes souliers blancs sont achetés*. Il faut qu'ils servent, je t'en conjure; nous accepterons tout ce que tu voudras... »

Serez-vous de mon avis, lecteur? Il me semble, et je parle sans rire, que les gants et les souliers de Mlle d'Imécourt jettent une vive lumière sur les amours traversées de ces deux jeunes gens. Tout me porte à supposer que la petite Pitou en question n'aurait aucun souci de cette gracieuse parure de mariée. Elle flanquerait à la hâte un faux chignon et une boîte de poudre de riz dans une valise, et filerait avec la rapidité d'une biche. A coup sûr, Mlle d'Imécourt ne voulait ni faire une frasque ni courir le guilledou. Elle aimait, elle était aimée. Le mariage, le mariage avec ses symboliques blancheurs, lui apparaissait comme l'indispensable consécration d'une passion partagée. Elle avait livré toute son âme à Musurus-Bey, mais, fille chaste et assez ignorante des dispositions du Code civil, comme bien vous pensez, elle n'entendait se donner elle-même à son amant qu'après que le magistrat et le prêtre auraient passé par là. J'atteste que je ne cherche point la petite bête, mais je vois une foule de choses charmantes, douces et pures dans les souliers et les gants de Mlle d'Imécourt.

Je crois que Mme d'Imécourt fait fausse route et je puis lui affirmer que l'opinion publique n'est point avec elle. Le chroniqueur qui passe n'a pas qualité, cela va de soi, pour donner des conseils à une mère qui se juge outragée dans ce qu'elle a de plus cher au monde et que l'indignation égare outre mesure. Pourtant, au-devant de quelles déconvenues Mme d'Imécourt ne semble-t-elle pas aller de gaieté de cœur? Et d'abord, elle livre en pâture à la malignité publique, en dépit de tous les huis-clos que pourra prononcer M. Aubépin, des choses de foyer qui devraient demeurer éternellement secrètes. J'ai lu de fort spirituels, de trop spirituels articles sur Mlle d'Imécourt. Déjà, que Mme d'Imécourt ne l'ignore pas, le ridicule s'est mêlé de l'affaire. Vous représentez-vous Mlle Marie d'Imécourt dégagée de ses liens conjugaux de quatre jours et reparaissant dans le monde ?

Puis, il est un point auquel cette mère affolée de fureur n'a pas songé, j'en jurerais. Elle brise délibérément l'existence entière de sa fille. Mlle d'Imécourt, si le jugement casse son mariage, n'a plus qu'à se renfermer dans ce cloître où gémissaient, verdissaient et mouraient jadis les filles de qualité, claquemurées par de « barbares parents ». Il n'est plus d'avenir pour cette jeune fille. On dit que la famille d'Imécourt est fort riche. Là-dessus, les malins clignent de l'œil et affirment que Mlle d'Imécourt trouvera encore époux à son gré, le jour où il lui plaira d'apporter son énorme dot à un élégant décavé de l'asphalte parisien. Je connais trop mon joli siècle pour nier cette éventualité, pardine ! Mais je me demande de quels yeux Mlle d'Imécourt, retour de Londres, regardera l'homme capable de la conduire au pied des sacrés autels. Elle aura du mépris et du dégoût jusqu'aux lèvres, cette enfant dont l'imagination est chaude et dont le cœur est noble. Un joli avenir, en vérité !

Je sais bon nombre de mères qui, à la place de Mme d'Imécourt, prendraient résolument et virilement leur parti de cette échauffourée un peu plus romanesque, je le veux, que ne le comporte le ton de la vie actuelle. En parlant de ses gants et de ses souliers, Mlle d'Imécourt insistait et disait avec énergie qu'il *fallait qu'ils servissent*. Eh bien ! qu'ils servent, ces gants et ces souliers de jeune fille ! Ou qu'ils reservent, ces gants et ces souliers de jeune femme ! Je n'ai jamais vu Musurus-Bey, mais je suis persuadé que, si le culte grec auquel il appartient est un obstacle à cette union, il deviendra sans barguigner catholique, juif ou bouddhiste, au choix. Et nous assisterons alors à un spectacle qui ne nous est pas donné souvent et qui va tous les jours se faisant plus rare : l'amour dans le mariage !

LE SIRE DE SAINT-TROPEZ

AINT-TROPEZ est un petit bourg de trois ou quatre mille habitants, qui, jusqu'ici, n'avait pas fait beaucoup parler de lui. Modeste comme tous les chefs-lieux de canton, Saint-Tropez vivait ignoré. Une première fois, cependant, le nom de Saint-Tropez avait retenti. Trois dramaturges habiles, desquels était le joyeux Siraudin, jaloux de réhabiliter cette romanesque gueuse de Mme Lafarge, assassin doublé d'un bas-bleu, écrivirent la *Dame de Saint-Tropez*, pièce en un grand nombre d'actes qui obtint un éclatant succès. Puis le silence s'était fait de nouveau autour de l'humble bourgade. Voici qu'elle renaît aux bruits du monde. Les journaux parlent de Saint-Tropez. Les reporters prennent leur chemin vers Saint-Tropez. Le sire de Saint-Tropez donne des audiences, comme au temps où il était ministre. Il explique, il discute, il tranche.

Plein de hauteur, ivre de lui-même, n'ayant rien appris ni compris, patient quoi qu'il ne soit heureusement pas éternel, il espère encore un jour de pouvoir. Il est bien demeuré le même homme. Vous avez reconnu M. Émile Ollivier, le personnage le plus néfaste de ce temps.

J'ai eu une seule fois l'occasion de voir M. Ollivier, et je n'oublierai jamais cette ingrate physionomie. Je fus frappé d'une singulière ressemblance. J'avais lu, tout enfant, dans une édition à grandes gravures, le *Juif-Errant* d'Eugène Sue. Je ne sais si je fus trompé par des souvenirs déjà lointains, mais je crus être en face de ce Rodin dont le masque m'avait jadis si vivement ému. A ce moment-là, M. Ollivier, déjà conseil du vice-roi aux appointements de trente mille francs par année, avait conservé cette tenue trop négligée qui, toute naturelle chez un jeune avocat pauvre, n'était plus alors qu'une affectation. Il n'était pas beau, et je n'imagine pas qu'il le soit devenu. Les yeux étaient sans flamme ; la tête, busquée en avant, dénotait l'étroitesse de la pensée ; les lèvres ne savaient pas sourire. En parlant, M. Ollivier balançait d'un mouvement cadencé l'index de sa main droite et s'écoutait non sans complaisance. Ensemble peu séduisant où il y avait du pion, du démagogue et du séminariste !

Ce n'est pas la biographie de M. Ollivier que j'entends faire ici. Tout le monde connaît cette existence qui, en somme, malgré les difficultés matérielles du début, a été l'existence d'un privilégié. Patronné par Démosthène Ollivier, son père, un vieux et inattaquable démocrate, il fut préfet de Marseille à l'âge où, d'ordinaire, on passe sa thèse de licencié. C'est à Chaumont, où il avait été envoyé en disgrâce, que l'atteignit le décret de révocation. Il reprit alors sa profession d'avocat. Plaidant un jour, il s'écria : « Le ministère public a fait appel aux passions, et cela est mauvais ! » La phrase n'était pas bien terrible. Avec la maladresse des gens que grise la force, les magistrats rendirent au jeune avocat le service de le suspendre pour quelques mois. Aussi, en 1857, fort de cette suspension, fort du nom de son père exilé, fort du souvenir de son frère aîné, le pur Aristide Ollivier, tué en duel par un légitimiste, M. de Ginestous, il se présenta à la députation et l'emporta sur Garnier-Pagès.

L'histoire des *cinq* est trop connue pour que j'y revienne. M. Émile Ollivier parut tout d'abord combattre le bon combat. Mais, dès la session de 1861, il fut tenu en réelle suspicion par ses collègues. Des amitiés difficiles à expliquer, certaines phrases destinées à porter jusqu'aux Tuileries, firent le jour sur ce caractère double. Réélu, néanmoins, en 1863, il prit moins de précautions et se démasqua davantage jusqu'à cette fameuse séance du 28 avril 1864, où une péroraison un peu trop claire sur l' « opposition systématique » accentua sa rupture avec le parti républicain. Je glisserai sur les cinq années d'équivoques et d'intrigues qui suivirent. Elles ont abouti au ministère du mois de décembre 69 et à la guerre de 70. Telle est, en trente lignes, la vie publique de cet homme, que la plus vulgaire pudeur devrait condamner au silence et qui, par orgueil maladif, ne veut pas se résoudre à l'obscurité définitive.

Ou j'ai l'ignorance absolue de la valeur des mots, ou « l'Empire libéral » est une des formules politiques les plus inexplicables qu'on puisse imaginer. Je saisis très bien cette draconienne Constitution de 1852. Ce n'est pas, à coup sûr, par la netteté que pêche cette Constitution-là. Un aventurier heureux met la main sur la nation et dit : « Je suis l'héritier de l'homme de Brumaire. Je tendrai à un autre but que lui, mais par les mêmes procédés. Il a, pendant près de quinze ans, muselé le pays, fait de la France une immense caserne et promené par l'Europe le drapeau des idées nouvelles. Moi, je suis un socialiste despote, désireux de faire le bien en pleine liberté et sans contrôle. *J'éteindrai le paupérisme* à ma façon. Plus de presse, plus de réunion, plus de Parlement. Laissez-moi agir, et, l'œuvre terminée, ou tout au moins hardiment entreprise, vous me direz, par voie plébiscitaire, votre opinion. Le peuple est souverain. Or, j'entends qu'il me délègue ses pouvoirs. Fiez-vous à moi. » Telle est l'implacable et logique doctrine des Bonaparte.

Je ne l'admets guère, mais je la comprends. Il n'y a pas là d'erreur possible. C'est à prendre ou à laisser. Ce qui me heurte et me déroute, c'est cette chimérique tendance, éclose, à ce qu'on dit, dans le cerveau de M. de Morny, à concilier l'empire avec la liberté. Faire du gouvernement issu du coup d'État du 2 Décembre une manière de gouvernement constitutionnel, à la *papa*, juste-milieu, capable de réjouir l'ombre du bon Lafayette, cela était absurde! Saint-Arnaud, Persigny, Rouher, étaient conséquents avec le principe même du bonapartisme. Les « coquetteries libérales » de Morny et des sous-Morny étaient de pures sottises. J'irai jusqu'au bout de ma pensée : en l'état, la concession du 24 novembre 1860 ressemblait fort à une faiblesse. Tout ou rien. Introduire la liberté dans l'empire, quelle hallucination de somnambule! Il était fatal que celui-ci devait être tué par celle-là. Autant eût valu introduire un rat dans un fromage de Hollande!

Lorsque, aux élections du 23 mai, M. Émile Ollivier échoua piteusement contre M. Bancel, et ne réussit dans le Var que grâce à la pression administrative, il crut que son heure sonnait. Il y avait, en France, un formidable réveil de l'opinion publique. Les réunions, autorisées durant la période électorale, avaient été stupéfiantes. Les systèmes socialistes qui, de 1835 à 1848, avaient lutté au grand jour contre le pouvoir établi et qu'on croyait bel et bien morts et enterrés, malgré les soubresauts convulsifs de l'Internationale, éclataient de nouveau comme des bombes. L'ordre même de la rue, cet ordre dont, un mois après, Napoléon III devait dire : « J'en réponds, » était déjà profondément troublé. Partout, les signes avant-coureurs de l'année 1790. C'est à ce moment que ce bavard élégant, pédant et vide, rêva de sauver la cour et entreprit de jouer le rôle de Mirabeau.

Ces choses sont d'hier. Nous souffrons encore et nous souffrirons longtemps du dénouement effroyable de dix-huit années de despotisme. M. Ollivier a beaucoup lu l'histoire des petites cours italiennes du moyen âge. Il cite volontiers et prétentieusement les écrivains politiques de ce temps-là. Ces féroces comédiens que les Italiens appelaient leurs princes devaient naturellement engendrer les Machiavel. Machiavel, dont le nom s'est plus d'une fois rencontré sur les lèvres de M. Ollivier, eût été singulièrement empêché dans ce désarroi de 1870. Mirabeau et Machiavel en un seul individu ! L'audace et la ruse ! Excusez du peu ! Le pauvre homme — c'est M. Ollivier que je veux dire — ne vit absolument que du feu à tout ce qui se passait. Ç'a été un Machiavel des Batignolles, un Machiavel en carton-pâte, un Machiavel *à la manque*, dirait Mlle Nana. Sans songer à mal, sans cesser une minute d'être satisfait de lui-même, s'imaginant qu'on sauve un peuple par des périodes « nombreuses », le plus *innocemment* du monde, il a fini du même coup dans le sang et dans l'imbécillité!

Je suis sûr que, depuis le mois de décembre 1869 jusqu'à la veille même de la guerre, M. Ollivier a eu une sincérité *sui generis*, la sincérité des niais. Il jouait au protestant et prenait, devant son armoire à glace, des allures de Guizot pulvérisant un groupe. Sa jeune femme, tout étonnée de ces grandeurs inattendues, paraissait en robe montante aux Tuileries. Le temps était passé des cotillons sans fin, des tableaux vivants, des excentricités d'une ambassadrice à tête de cosaque, de la longue orgie, en un mot. Il soufflait un vent d'austérité. M. Emile Ollivier, l'homme du jour, faisant son entrée chez l'impératrice avec un pantalon trop court, un habit luisant aux coudes, une cravate d'un blanc douteux. *In petto*, le sot personnage, tout hanté de ressouvenances, songeait peut-être aux souliers sans boucle de Roland. Cependant le prince Pierre tuait Victor Noir ; Henri Rochefort, avec son esprit de gavroche endiablé, lançait ses petites flèches à tous les défauts de la cuirasse impériale ; le peuple grondait; la Prusse faisait ses préparatifs sous le nez de M. Benedetti.

A cette heure psychologique, M. Émile Ollivier a été plus Italien que de raison. Une anecdote que je ne garantis point, mais qui a beaucoup couru sous le manteau, nous représente M. Ollivier au conseil des ministres luttant contre la guerre, puis appelé par Napoléon III dans un cabinet proche du salon où se tenait le conseil, causant quelques minutes avec l'empereur et revenant soudain partisan de cette guerre maudite. Deux jours après, il déclara qu'il l'entreprenait d'un « cœur léger ». Le désir de garder le pouvoir lui fit jouer sur un coup de dé le destin de la France. Il est mal venu aujourd'hui à jeter à la mémoire de M. Thiers des accusations que rien ne justifie. L'homme qui, pour la honte de sa vie et le malheur d'un peuple, a prononcé une parole semblable, devrait se claquemurer à jamais, effrayé du jugement de l'avenir.

Point. Le sire de Saint-Tropez porte beau. Il fait tapage à l'Académie et parle du discours qu'il prononcerait à la Chambre si « ses concitoyens l'honoraient de leurs suffrages ». On me permettra de trouver que le sire de Saint-Tropez recule les limites de l'outrecuidance ou de la bêtise. Je me demande à quel parti ce malheureux essaierait de se rattacher. Les bonapartistes, estimant à bon droit qu'il a été le mauvais génie de l'empire, s'éloigneraient de lui comme d'un lépreux. Ses théories, souvent développées, le rendent impossible dans les groupes vagues qui flottent entre les princes d'Orléans et la République modérée. Quant aux vrais républicains, ils le considèrent comme une manière de bandit. Lui-même a-t-il donc oublié la célèbre apostrophe de Pelletan, plus injurieuse peut-être que le crachat de Michel Chrestien? Au fond, c'est un triste spectacle que celui de ce noyé qui se raccroche aux moindres herbes. Le châtiment est juste. Mais si M. Ollivier consent à se faire oublier, ne nous montrons pas impitoyables. Que cet homme funeste meure en paix!

LES SOUFFRE-DOULEUR

La politique a ceci de particulier, c'est qu'elle ne laisse point de trace — après l'orage. Hier, toutes les cervelles étaient en proie à je ne sais quelle méningite aiguë ; aujourd'hui, les mêmes cervelles, calmes, reposées, ont reconquis leur équilibre comme par un miracle. Il n'y a pas quarante-huit heures, nous étions tous dans cet « état d'imagination renversée » où se trouvait le héros de Stendhal au début de ses amours avec Mathilde de la Môle. Voilà que d'un coup, sans secousse, le plus naturellement du monde, l'imagination renversée a repris son assiette. Nous ne nous souvenons même plus des grosses secousses politiques de ces jours-ci. Cette bizarrerie est une caractéristique de notre race. Le soir même de l'exécution de la faction robespierriste, — exécution qui changeait pour un temps la face des choses européennes, — le Théâtre-Français regorgeait de spectateurs. Les stalles de parterre à deux livres avaient été littéralement disputées à coups de poing. On jouait l'*Epicharis et Néron* du père de M. Legouvé. C'était la troisième représentation de cette œuvre travaillée et médiocre, — où le mot « tyran », appliqué sans cesse à Néron, avait, la veille même, soulevé des tonnerres d'applaudissements réactionnaires. Durant la soirée du 10, pendant les entr'actes, personne ne semblait s'occuper de l'hécatombe du matin. La tête mutilée de Robespierre *éternuant dans le panier* était déjà un vieux fait divers. Le second acte d'*Epicharis et Néron*, assez mal ordonné, était l'objet d'une foule de critiques dans les escaliers et dans les corridors. C'est un « curieux de Paris » qui nous l'apprend. Telle est la pâte dont nous sommes pétris! Est-ce souplesse ou faiblesse de tempérament! Je l'ignore. Toujours est-il que nous sommes ainsi et qu'on n'arrivera point à nous transformer. Le mieux est donc de suivre le courant.

Les hurlements, d'ailleurs inutiles, de Charonne, ont empêché le public de suivre avec l'attention voulue un procès bien singulier et bien douloureux, dont la cour d'assises des Bouches-du-Rhône a été le théâtre. En un autre moment, la chronique tout entière se serait précipitée sur ce mélodrame et en aurait fait ses choux gras. Cette horrible affaire a passé presque inaperçue. Elle soulève pourtant un rude problème psychologique et prête matière à de pénibles développements. Il s'agit de ces éternels déshérités qu'on appelle des souffre-douleur et qui ont tenté, en un jour d'âpre mélancolie, la plume d'Alphonse Karr. Vous les connaissez, pour les avoir plaints ou protégés sans doute, ces souffre-douleur si dignes de miséricorde : êtres petits, rachitiques, exsangues, sans force et sans défense, proie toujours offerte en pâture aux brutes. Vous souvenez-vous de ce lamentable et admirable monstre qu'Eugène Sue a mis en scène, à la prison de Saint-Lazare, dans les *Mystères de Paris*, la Mont-Saint-Jean — fille hideuse, à groin de truie, pleine de tendresses adorables, enceinte de « son soldat », et que toute cette tourbe de filles perdues tarabuste et meurtrit à plaisir ? Sans la *Louve*, une des plus belles créations du roman contemporain, la Mont-Saint-Jean serait mise en pièces par ces névrosées, aussi promptes aux larmes attendries qu'au meurtre. Quelle puissance de touche avait ce prodigieux Eugène Sue! Et quel dommage qu'il ait écrit des merveilles dans une langue illisible!

Il eût été à souhaiter qu'une « louve », sous forme d'un maître auxiliaire, se fût rencontrée au lycée d'Aix, alors qu'un pauvre innocent nommé Guidevaux y était persécuté, bafoué et haï. Ce Guidevaux, maître d'études au lycée d'Aix, est un homme grêle, gauche, à moitié aveugle, — bon, néanmoins, de cette bonté

timide qui ne demande qu'à s'épancher au dehors
et se replie d'instinct. Les élèves, par un phéno-
mène rare, aimaient assez ce malheureux diable.
Comprenaient-ils, ces enfants d'ordinaire cruels,
que cet être doux, naïf, refoulé sur lui-même,
était un prédestiné et un mal-né? Le triste est que
les collègues de Guidevaux, des gaillards excessivement malins, des coqs de chef-lieu d'arrondissement, croquants ivres d'un peu de latin mal
digéré et de beaucoup de prétentions affichées au
grand jour, avaient fait de Guidevaux la cible de
leurs railleries et de leurs stupides méchancetés.
Ils savaient, ces pions idiots, que le mot « Prussien » avait le don d'irriter jusqu'à la fureur les
nerfs de l'infortuné Guidevaux. Aussi lui lan-
çaient-ils constamment cette aimable épithète à
la face. Un beau jour, l'autre eut comme un accès de mâle rage. Faible, impuissant, ne portant
tort à personne et blessé dans tout ce qu'un
homme peut avoir de fierté, de légitime orgueil
et — qui sait? peut-être! — de rêves incompris
et moqués, le pion Guidevaux s'arma d'un revolver et tua net d'une balle le nommé Jassot, le
plus acharné de ses persécuteurs. Jassot fit *couic*,
raidit les pattes et expira sans souffrir autant
qu'il avait fait souffrir Guidevaux. Vous allez
m'accuser encore de me nourrir exclusivement
de paradoxes et d'exécuter sur une tombe des
gigues absolument inconvenantes. Eh bien! je ne
vous cacherai pas que la mort de ce Jassot me

laisse froid comme un acte d'*Epicharis et Néron*.

Ainsi que de raison, il s'est rencontré un avocat général, magistrat qui a étudié les passions humaines au café de l'École de droit, entre les heures de ses cours, pour flétrir cet inoffensif assassin. Je ne reproduirai pas la phraséologie convenue de cet « éloquent organe de la vindicte publique ». Ce sont des périodes qui traînent dans tous les prétoires depuis cent ans et que nous connaissons par cœur. Le jury des Bouches-du-Rhône, mieux avisé que le fabricant de réquisitoires et n'écoutant que le cri de sa conscience, a acquitté Guidevaux. Il a beaucoup pleuré, ce pion meurtri. Il a remercié les bons jurés et est sorti de la salle d'audience, libre, officiellement innocent — et perdu à jamais ! Je signale, soit dit entre parenthèses, la déposition de deux maîtres répétiteurs, les sieurs Georges Aubin et Alexandre Autran. Ces deux personnages ont soigné leur style, daubé sur l'accusé qui n'en pouvait mais, aiguisé des pointes. Sur une question du président, à savoir si on taquinait constamment l'accusé, le nommé Aubin, un finaud qui doit avoir un fier succès auprès de la « dame » de l'économe, a répondu en clignant de l'œil : « *On faisait de l'esprit.* C'est la règle de se taquiner au collège entre maîtres auxiliaires ! » Ouais ! on faisait de l'esprit ! Ce qui signifie qu'on tordait, torturait et cassait l'âme de ce souffre-douleur ! Ah ! si j'étais seulement pour dix minutes l'élève de ce chien de cour prétentieux, je vous jure que ses camarades et moi nous lui monterions un *boucan* dont il lui serait difficile de perdre la mémoire dans le cours de sa longue et glorieuse carrière.

Notez que Guidevaux, harcelé, mis au pied du mur, frappé en plein visage par Jassot, était devenu presque fou. Il voulait « sauver son honneur ». Il avait proposé à Jassot un duel à mort. Il se serait battu à l'épée, à la hache d'abordage, au pistolet, au canon Krupp. La rencontre aurait eu lieu à dix pas, à cinq pas, — à pas de pas, comme disait je ne sais quel rastaquouère. Cet enfant disgracié de la nature, tout frémissant d'orgueil rentré et de rage contenue, cette pauvre tête de Turc — dont « ces messieurs volaient le dessert », a déclaré un domestique assigné au procès, — aurait joué sa peau comme un gentilhomme je vous le garantis. Les souffre-douleur ! Nous les heurtons à chaque pas dans la vie, depuis le collège jusqu'à la dernière heure ! Jamais, je l'atteste, je n'en ai rencontré un seul sans me sentir ému jusqu'au plus profond des entrailles.

Je me rappelle qu'à la pension nous avions pour camarade un petit garçon bien gentil, bien laid, silencieux et rêveur, qui était affligé sur l'épaule droite de ce grain de beauté dont M. Naquet a pris le parti de rire, en homme d'esprit qu'il est. Je m'étais senti porté d'une sorte d'affection tendre vers ce condisciple que tout le monde bernait. C'était un humble — fils du boucher de la pension et élevé de façon presque gratuite, je crois. Il y avait une âme de poète dans le corps déformé de ce fils de boucher. Les malins l'appelaient « la carne! » Une façon d'injure, étant donné le métier du père. Lui, un soir, à la récréation de huit heures, au retour des bains froids, m'avait fait des confidences. Il aimait sa cousine. Et il m'avait avoué *cette passion* d'une voix si brisée, avec des yeux si humides et en phrases si simples! Dame, faites-vous une idée de cette scène de collège! Nous avions vingt-huit ans à nous deux!

Un jour, irrité contre un énorme et lâche crétin, — un grand, — il perdit toute patience et se jeta sur le grand. Il fut cruellement battu. Je le défendis de mon mieux. Et l'on ne m'accusera pas de me prêter un rôle héroïque, lorsque j'aurai avoué que je reçus à mon tour une raclée — mais là, vous savez, une raclée effroyable. Cet animal — qui se nommait Heurté ou Heurtier, je ne me souviens plus trop — éreinta mon petit camarade et me donna dans l'œil un coup de poing dont la trace bleuâtre sollicita de la part de ma mère — le dimanche suivant — les interrogations les plus indiscrètes. Voilà ce qu'il en coûte de jouer les « don Quichotte » dans la vie. C'est par un *pochon* qu'on commence. Peut-on prévoir jamais par quoi on finit? Quant à ce Heurté ou Heurtier, j'ignore où il a échoué. Il me serait doux d'apprendre qu'il a subi un fâcheux destin. Chose singulière! les haines d'enfants sont à ce point tenaces que je forme secrètement des vœux pour que ce tortionnaire de la *carne* soit devenu garde-chiourme quelque part. Peut-être est-il simplement, à l'heure même où j'écris, président d'une chambre correctionnelle dans un chef-lieu d'arrondissement.

Il me paraît qu'il devrait y avoir une levée de boucliers en faveur des souffre-douleur dont je parle. Les déshérités et les persécutés de la vie ont droit au meilleur de nous-mêmes. Et tenez, la conclusion de cette chronique est tout entière dans la déposition qu'a faite M. Gaston Bizos, professeur à la faculté des lettres d'Aix, au cours du procès Guidevaux. Lisez-la attentivement. « J'ai été professeur de rhétorique au lycée de Besançon et j'ai eu pour élève Guidevaux, qui était très studieux. Mais je remarquai que les défauts physiques, et *ce je ne sais quoi qui fait les martyrs* lui attiraient force désagréments de la part de ses camarades. — Et cela durait depuis l'enfance! — Je le fis entrer comme maître d'études au collège d'Aix, et là je n'ai reçu du principal que des éloges à son égard. Un jour, son père m'écrivit qu'il était très malheureux. Je fis venir son fils, et il me raconta les tracasseries avec lesquelles il était aux prises. Poursuivi dès son enfance par la fatalité, il a trouvé la goutte d'eau qui fait déborder le vase. Un malheur en a été le résultat. Chaque maître auxiliaire a sa part de responsabilité dans ce malheur ». C'est tout un roman de Balzac que cette sobre déposition d'un homme intelligent. Sans compter que l'avocat de Guidevaux, M⁰ Masson, a rappelé le cas de M. Trinquier, greffier à la cour d'Aix, qui, tracassé par ses camarades, recourut jadis au suicide pour mettre fin aux vexations dont il était l'objet. Ah! les souffre-douleur! Faut-il donc que nous soyons façonnés d'une immonde argile pour nous acharner sur ces victimes! Quant à toi, Heurté ou Heurtier, persécuteur de la *carne*, si jamais je te repince!...

LE VOL DU SOUS-LIEUTENANT

E ne sais rien de plus triste que le procès dont mes confrères ont rendu compte. Le drôle, échappé d'un *assommoir* quelconque, qui, à deux heures du matin, s'obstine à vouloir lire l'heure sur la montre d'un passant, est un criminel vulgaire. Le « voleur au poivrier » et l'éternel « pick-pocket », joie et orgueil des stagiaires, sont d'une désespérante banalité. Mais ce Georges Richard, ce jeune homme, sous-lieutenant au 11ᵉ chasseurs à cheval, condamné à dix années de réclusion, flétri à jamais, bien et radicalement perdu ! cela n'est-il pas abominable ?

Jusqu'à quarante ans, nous sommes tous de la nouvelle armée de la France. Ce serait donc nous dire injure à nous-mêmes que de malmener l'uniforme. Mais, de même que les vrais catholiques devraient être les premiers à crier : haro ! sur les abbés Baujart et Maret, honte de l'Église, ainsi nous devons marquer du fer rouge les hommes qui, ayant l'honneur de porter l'épaulette, se rendent coupables de forfaiture. Le troisième conseil de guerre s'est montré sans pitié et nul ne saurait lui en faire un crime. Ce sont là de douloureuses et salutaires exécutions.

Vous connaissez l'affaire. Ce Georges Richard est fils d'une pauvre et digne femme, veuve d'un fonctionnaire et directrice d'un bureau de poste. Le gouvernement accorde à bon droit des gratuités aux enfants de ceux qui l'ont honnêtement servi. C'est grâce à ces gratuités que Georges Richard a pu être élevé. Au lycée d'Amiens, où il était encore il y a cinq ans, il jouissait d'une demi-bourse. A Saint-Cyr, l'État lui avait donné une bourse entière et un trousseau. De temps à autre, la vieille maman envoyait — non pas un *louis* — mais vingt francs, vingt pièces de vingt sous dont chacune représentait une petite privation héroïquement supportée, un petit sacrifice simplement admirable. L'avenir s'ouvrait devant ce jeune homme avec ses devoirs, ses austérités et ses luttes. En somme, et malgré le manque absolu de fortune, le condamné d'hier n'était point un déshérité.

Il a eu lâche cœur. Impatient de sa misère relative et avide de jouir, il a volé bassement et ignoblement. Il a volé des camarades sans défiance. Il paraît que, à Saumur, tous les tiroirs des bureaux ont la même clef. Ces loyaux jeunes gens vivent les portes ouvertes. Là, comme précédemment à Saint-Cyr, Richard commit de légers larcins. C'est à Lunéville et à Saint-Germain qu'il « travailla dans le grand ». Les pièces d'or et les billets de cent francs ne lui suffirent plus. Il vola jusqu'à deux mille cinq cents francs d'un coup au chirurgien-major. Cependant, dans un coin de ville de province, la mère faisait resservir encore les robes vieilles de dix années et exécutait de réels travaux de broderie sur des bas inénarrables, afin d'économiser quelques sous pour cet odieux polisson.

Le commandant Romaine, organe du ministère public, a prononcé un vigoureux réquisitoire. J'imagine que le commandant n'était point à son aise et mâchonnait furieusement sa moustache. Quand un officier comparaît devant un conseil de guerre — pour vol — j'ai vu le fait trois fois seulement, depuis que je lis des journaux — il y a là comme un deuil de famille. Lui, Richard, a baissé la tête. Au moment où sa conduite avait été dévoilée, le colonel du 11ᵉ chasseurs l'avait fait appeler et lui avait tenu ce bref langage : « Les gendarmes vont vous arrêter dans deux heures. Vous me comprenez bien. Je vous accorde deux heures de liberté. Si vous croyez avoir une mesure à prendre pour sauver l'honneur de votre famille, prenez-la. » Le sous-entendu était terrible. Un coup de révolver est parfois une réhabilitation. Le drôle fit la sourde oreille. Il préférait le bagne !

Le mobile de ces vols ne m'apparaissait pas clairement. Il était parlé, au cours du procès, de cent cinquante francs de parfumerie, de dolmans extraordinairement ornés et de shakos mirifiques. « Diable ! pensais-je, voilà qui est bizarre. Comment se peut-il faire que ce sous-lieutenant ait dépensé douze à quinze mille francs en culottes de drap superfin, en brillantine et en pommade ? » Le mot de l'énigme est simple. Il faut ajouter aux culottes, à la brillantine et à la pommade une nommée Marguerite Langers, jeune personne de mœurs douteuses, qui a lâché les trente-neuf sous de l'atelier pour les décevantes ivresses du Skating. Le défenseur de Richard, Me Corne, un avocat de talent, à tiré bon parti de « la femme » — cette femme que M. Le Premier Séguier cherchait toujours et partout. Mlle Marguerite Langers appartenant à cette classe de dames intéressantes qui murmurent quelquefois à votre oreille, entre deux baisers : « Oh ! comme je t'adorerais si tu ne portais pas des gilets boutonnés trop haut ! » Richard s'était fait élégant pour flatter l'amour-propre de sa maîtresse. De plus, Mlle Marguerite Langers n'était pas ennemie des truffes, des poufs, des *locati* et autres menus agréments. Vous voyez cela d'ici. La femme, pardieu ! L'ombre du président Séguier a dû tressaillir.

Un quinquagénaire, qui connaît l'existence, causait avec moi de ce procès. Il me disait, avec ce sourire mélancolique qui plisse parfois, et de si singulière façon, les lèvres des désabusés : « Toutes les morales du monde n'y changeront rien. C'est la vie. De mon temps — et je ne parle pas d'hier — les choses étaient ainsi. Elles seront ainsi toujours. J'ai vu sombrer de belles et jeunes intelligences ; j'ai vu crouler des honnêtetés qui semblaient à l'épreuve du feu ; j'ai vu, en un mot, des existences pleines d'avenir jetées à la borne, et cela pour un méchant cotillon qui passait. Je crois que le Tout-Puissant, qui est goguenard à ses heures, nous a voulu faire une farce de fumiste en désarticulant la côte du premier homme. J'avoue néanmoins, si partisan que je sois de l'*impertinence tranquille*, que les jeunes gens me surprennent sans cesse. Je me demande de quoi peut être bien composé le haschisch que leur font avaler ces femmes. »

C'est là une question à laquelle il n'est point, en effet, facile de répondre. Il est hors de doute que ce haschisch doit être d'une nature particulière. L'amour de certaines femmes est évidemment la plus malsaine ivresse qu'il y ait. Barrière a écrit un jour cette comédie qui a dû frapper les esprits quelque peu observateurs : *les Jocrisses de l'Amour*. Il y avait, dans cet effroyable drame transformé en manière de farce pour les besoins du théâtre du Palais-Royal, une physionomie verte et hideuse. Je ne me rappelle plus le nom du comédien qui jouait ce rôle ; il y excellait. C'était un jeune homme hâve, hébété, aux moelles flétries, qui répétait de temps à autre : « Moi, j'aime le Caïman ». Qu'était-ce Caïman ? Quelque vieille goule aux cheveux jaunes, sans doute. En vain on lui parlait honneur, dignité, mariage, avenir. Non. Il aimait le Caïman. Et il disait ce mot d'une voix faible, époumonnée, pareille à un souffle. Ah ! malheureux ! mieux vaut l'absinthe !

Le sous-lieutenant, bien qu'il fût accablé de besogne peut-être, a suivi Mlle Marguerite Langers dans tous les chemins où il a plu à cette dame de l'entraîner. On me fera difficilement croire que cette échappée de Skating ignorait que son amant ne pouvait suffire à son luxe relatif. C'est bien l'éternelle coupable impunie. Il a été dit, si je ne me trompe, durant les débats, que cette demoiselle allait quitter la France, sa belle France, et vivre dans un coin de la Suisse. Je ne voudrais pas toucher, vu notre situation diplomatique excessivement tendue, à la neutralité que de nombreux traités ont garantie à la République helvétique. Je ne ferai même pas mystère de la sympathie réelle que j'éprouve pour ce petit pays. Je n'oublie pas qu'il a donné le jour à Guillaume Tell, le héros légendaire qui a si vaillamment joué cette tragédie aux pommes que chacun connaît, et dont la statue, pieux hommage rendu par la postérité, reproduit avec une rare exactitude les traits de l'acteur Pradeau. Néanmoins, je ne serais pas fâché que Mlle Marguerite consentît à s'établir là-bas à poste fixe. De grâce, qu'elle ménage notre armée en voie de reconstitution ! Qu'elle ne détruise pas nos cadres !

Georges Richard est un homme à la mer. La faute en est à cette femme. Peut-être regrette-t-il aujourd'hui de n'avoir pas voulu comprendre le terrible sous-entendu dont j'ai parlé ci-dessus. Tenez, mademoiselle Marguerite Langers, soyez pitoyable. Prouvez que les littérateurs de ce temps n'ont point menti en prêtant aux filles de plaisir des élans méconnus. Votre amant s'est déshonoré et perdu pour vous. Il est dans une cellule où il souffre, se désole et verse des larmes de sang. Un bon mouvement, mademoiselle : envoyez-lui du tabac !

A SOUPER

Personnages.

PAUL.
GASTON.
FERNANDE.
ANTONIA.
GENEVIÈVE.
UN PETIT JEUNE.

(Le théâtre représente un cabinet de restaurant de nuit. Décor connu. Le souper tire à sa fin. Des groupes se sont formés. Une abandonnée, assise mélancoliquement devant le piano légendaire, esquisse d'un doigt quelques fragments de la *Mascotte*, de M. Audran, compositeur français. Planant sur le tout, une vague odeur de patchouli et de cigarettes de la Ferme.)

GENEVIÈVE. — Dis-moi, mon chéri, pourquoi n'as-tu pas amené ton vieux Turc? Je le gobe, cet ostrogoth-là. Toujours raide comme la justice, mais gentil tout plein avec les dames.

PAUL. — Mon vieux Turc, comme tu dis, ma mignonne, est retourné dans ses lares. Tu sais ou je t'apprends que cet homme capsulé de rouge est patriote en diable. On va peut-être se battre là-bas.

Geneviève. — Encore des *tueries*, alors !

Paul. — Mais oui, bijou, encore des tueries ! Les Anglais, qui sont rageurs que ça en est à ne pas croire, ont envoyé des vaisseaux...

Geneviève. — Oh ! — sûr ! — rageurs, ces Anglais ! Tu te rappelles l'Anglais de Caroline. Caroline vivait depuis quatre mois *avec*. Un matin — il lui avait dit qu'il serait absent pendant huit jours, à cause d'affaires de famille — un matin, il *s'amène*.

Paul. — Comment dis-tu ?

Geneviève. — Je dis : il s'amène. Caroline — qui ne l'attendait pas, tu penses, — était avec son petit officier. Ah ! *ma chère*, quelle scène !

Paul. — Tu devrais bien, mon rat béni, renoncer à une manie qui, à la longue, devient insupportable. Ne me change pas de sexe. Appelle-moi : « mon cher », et ne m'appelle pas : « ma chère ». Veux-tu, hein ?

Geneviève. — Ah ! tu sais, c'est une habitude.

Paul. — Si c'est une habitude, n'en parlons plus.

Geneviève. — À propos, que devient donc le gros Auguste ?

Paul. — Il est au cercle. Au moment où j'ai le plaisir de te confier mon amour, ô ange ! il est en train de dire : « Cinq louis qui tombent sur le tableau de gauche ». Ce qu'il y a de plus curieux, mon chien, c'est que les cinq louis tombent toujours. On ne sait pas d'où, mais ils tombent. Ils tombent — comme une femme. Or, il ne faut pas les insulter. D'ailleurs, nous ne le voyons plus guère, ce bon gros. Il a un collage.

Geneviève. — Auguste ! Un collage ! Allons donc !

Paul, *grave*. — Je te le jure, sur la tête de ta *pauvre mère*, Geneviève. Auguste a « une affection ». Son affection est brune, maigre, avec un assez joli museau de jeune chien. Brave fille, d'ailleurs, qui le soigne comme une sœur de charité.

Geneviève. — Il est donc malade?

Paul. — Un geu de goutte. Pour les femmes, il parle d'une blessure qu'il aurait reçue à Coulmiers et qui se serait subitement rouverte. Tu sais, c'est un lascar...

Gaston. — Parole, ma petite Fernande, j'ai souvent songé à toi. Ah! Poitiers ! L'école de droit ! C'était le bon temps. Tu raccommodais des gilets. Ma foi, tu étais la plus jolie giletière qu'on pût rêver. Tout Poitiers élégant était à tes trousses, te rappelles-tu ? Je crois même que le substitut...

Fernande. — Ah ! oui, ce grand blond avec des favoris qui n'en finissaient plus ! Il m'écrivait un tas de machines, signées de son prénom seulement, pour ne pas se compromettre. En voilà un raseur. L'amour platonique ! Ah ! *mince !* Des hommes qui sont toujours indisposés !

Antonia, *au piano.* (*Elle a abandonné la* Mascotte *et attaque des romances poitrinaires :*

Repose-toi, mon âme, en ce dernier asile...

Gaston. — En voilà une qui miaule désagréablement ! Tu n'imagines pas, Fernande, le coup que j'ai reçu en t'apercevant ce soir, au bal. Je te croyais toujours là-bas. Je me disais : « La chère enfant attend que je revienne. Elle s'ennuie, elle pleure ». Un tas de bêtises, quoi donc ! Mais des bêtises bien gentilles tout de même ! (*Avec cœur.*) Je suis sûr que tu dois souffrir...

Fernande, *très étonnée.* — Souffrir ! Mais tu es donc toqué, mon loup ? Penses-tu que je m'amusais à Poitiers. Je gagnais trente-cinq sous par jour. Le patron — ah ! le vieux singe ! — voulait toujours m'embrasser dans les corridors. Mais, par exemple, il ne peut se vanter de rien.

Gaston. — Schneider ! Le tailleur Schneider ! Mais il était marguillier, ce me semble.

Fernande. — Ah ! ça n'empêche pas les sentiments !

Antonia, *hurlant :*

Ainsi qu'un voyageur aux portes de la ville...

Gaston. — Tu ferais bien de prévenir ton

amie Antonia que je vais l'abattre comme un lapin, si elle continue.

Fernande. — Oh ! ne lui fais pas de méchancetés, Gaston ! Si tu savais comme elle est malheureuse ! Pauvre fille ! Elle aime toujours son acteur. Moi, je ne comprends pas qu'*une femme comme il faut* aime les cabotins. Je le disais, pas plus tard qu'hier, à Julie, qui est folle, mais folle à lier, de son artiste. Ah ! vrai, je lui ai dit. Je lui ai dit : « Ma fille tu as tort. Ce garçon-là te mettra sur la paille et te trompera ensuite ». Dame, ils ont tant d'occasions...

Gaston. — Ma jolie Fernande, j'ai une peur terrible. Cette peur, je vais t'en faire part avec la franchise qui constitue le fond de ma nature. Je crains que tu ne sois devenue une grue horrible...

Fernande. — Dis donc, si tu voulais être poli, toi !

Gaston. — Je suis sévère, mais juste. Je t'ai quittée charmante et je te retrouve *fille* jusqu'aux moelles. Parole, ça me fait de la peine.

Fernande. — De la poésie ! Ah ! chaleur !

Un petit jeune, *gris comme un lansquenet*. — Et maintenant, messeigneurs, à la tour de Nesle ! Ou au bouillon Duval ! comme vous voudrez. Des seigneurs au bouillon Duval ! Ce serait drôle. Cette Antonia est assommante. Trop de bémols, ma fille, trop de bémols ! Dieu ! que j'ai mal au cœur !

Antonia, *insistant :*

Respire en s'arrêtant, l'air embaumé du soi...oi...oi.. r...

Le petit jeune. — Antonia, je t'en supplie au nom de tout ce que tu as de plus sacré dans le monde, ne continue pas. Tu vas me changer en fontaine Wallace.

Antonia, *railleuse*. — A quelle heure qu'on te couche ?

Le petit jeune. — Hein ?

Antonia. — Je demande à quelle heure qu'on te couche. En voilà un galvaudeux !

Le petit jeune. — Galvaudeux !

Antonia. — Tiens ! si on ne peut plus chanter maintenant !

Paul. — Voyons, ne te fâche pas, Antonia. Le petit est raide.

Antonia. — Le petit, c'est un *muffe*.

Paul. — D'abord, quand on s'est abreuvé aux sources vivifiantes du grand siècle, on dit « mufle ». (*Conciliant.*) Puis, ma grosse, tu sais, il ne faut pas jeter de froid...

Antonia. — Qu'il me lâche, alors !

Geneviève. — Verra-t-on Georges, ce soir ?

Gaston. — Ce soir ? Tu vas bien, toi ! Il est quatre heures du matin. Quant à Georges, tu ne le verras pas ce soir et tu ne le verras pas de longtemps. Il a, depuis huit jours, un joyeux conseil judiciaire, et s'est réconcilié avec sa famille. Il est question de lui faire épouser une cousine plate comme une sole frite. Une veine, quoi !

Geneviève. — Pauvre garçon ! Il était gentil !

Un garçon, *entrant*. — Messieurs, il est quatre heures. M. Claudon demande si ces messieurs désirent l'addition.

Paul. — Nous la désirons, sans la souhaiter. Enfin, apportez-la. Vous savez qu'il n'y a que huit cigares.

Le petit jeune. — Baille-nous la *douloureuse*, esclave !

Le garçon. — Tout de suite, messieurs. (*Bas, à Geneviève.*) Un monsieur *bien* te demande au 4.

Geneviève, *entre haut et bas*. — Entendu. (*Elle se lève en fredonnant* : J' t'aime mieux qu' mes moutons...)

Paul. — Où vas-tu ?

Geneviève. — Je reviens.

(*Exit* Geneviève. L'addition est réglée. Tous descendent, les yeux bridés et les joues jaunies. Le chasseur se range respectueusement sur le passage de « ces messieurs ». Les groupes se partagent et prennent des voitures. Un cocher, avec un clignement d'œil, hèle Antonia, suivie du petit jeune.)

Antonia, *montant dans la voiture*. — (*Au petit jeune.*) M'accompagnes-tu ?

Le petit jeune. — Jusqu'au bout du monde.

Antonia. — Ah ! oui, mais, pas de bêtises !

Le petit jeune. — Comment ! pas de bêtises !

Antonia. — Naturellement. C'est pour le *bon motif*, n'est-ce pas ? (*Le petit jeune se pelotonne auprès d'Antonia.*) Je ne suis pas une femme d'argent, mon chéri. Mais si tu savais ! Ah ! tout n'est pas roses dans la vie. Tiens, hier, ma couturière, qui est vraiment une pas grand'chose... (*La voiture s'éloigne.*)

LA FEMME DE CHAMBRE

Personnages :

Monsieur,
Madame,
Anna.

(Le théâtre représente un salon. Ameublement jaune orange assez élégant. Au mur, quelques tableaux. Sur la cheminée, une pendule style empire, surmontée d'un *Paul et Virginie fuyant l'orage*. Une bûche sans compagne fume mélancoliquement dans l'âtre. Monsieur tisonne vaguement; Madame lit. Une lampe à globe éclaire la scène.

Madame, *fermant le livre avec violence.* — Bonté du Seigneur, est-il possible? Non, non, ces choses-là n'arrivent pas ! Je ne sais vraiment pas où les auteurs vont chercher...

Monsieur. — Ma chère amie, tu m'as fait peur. Que lis-tu donc là ?

Madame. — La *Cousine Bette*.

Monsieur, *qui pense à tout autre chose.* — Joli roman, ma foi !

Madame. — Un roman infâme, monsieur.

Monsieur, *distraitement*. — Oui, un peu infâme, mais joli.

Madame. — Oh! ce baron Hulot! Le misérable! Dans sa propre maison! Sous le toit conjugal! Avec une bonne! Si ça n'est pas une abomination! Et cette baronne qui le pince en flagrant délit, au moment où il embrasse cette gothon! (*Pleine d'une énergie sombre.*) A la place de la baronne, moi, je les aurais poignardés tous les deux!

Monsieur, *avec une gêne imperceptible*. — Ma bonne amie, tu exagères tout. Crois-en l'homme auquel tu as confié le soin de ton bonheur; il ne faut rien pousser au noir dans la vie. Si la baronne avait poignardé ce couple évidemment blâmable, cette double exécution aurait causé un scandale d'enfer. Le concierge serait monté. Puis, les tapis.... tu ne songes pas aux tapis... c'est très salissant, les assassinats... Sans compter, chère amie, que le poignard est une arme démodée. Autrefois, du temps de M. Molé-Gentilhomme, le poignard était bien vu. Aujourd'hui, le poignard n'est plus employé nulle part, pas même dans les rixes de barrière. Vois le compte-rendu des tribunaux.

Madame. — Où voulez-vous en venir?

Monsieur. — A rien, chère amie. Tu t'exaltes, et je te calme. Voilà tout.

Madame. — On dirait vraiment...

Monsieur. — On dirait quoi? Voyons...

Madame. — Écoutez, André!

Monsieur. — Mignonne, je tremble. J'ai remarqué que, chaque fois que tu m'appelles par mon petit nom, tu couves généralement une tirade longue, solennelle et indignée.

Madame. — Vous croyez vous tirer de tout par des railleries. Je vous préviens que si jamais... Au reste, je ne veux même pas y songer. Ce serait une horreur!

Monsieur. — Qu'est-ce qui serait une horreur?

Madame. (*Elle reste un instant silencieuse, puis éclate tout à coup.*) — Depuis que cette Anna est entrée ici, vous êtes bien étrange, monsieur!

Monsieur. — Allons! voilà que tu prends la voix de Mlle Rousseil! Tu sais pourtant que la violence ne te vaut rien. Le docteur Gérard t'a recommandé le calme et des émollients. Je dois même te dire que ces émollients...

Madame, *digne*. — Ne détournez pas la conversation, monsieur. Sans quoi, mes soupçons deviendraient des certitudes. D'ailleurs, elle n'est pas mal, cette fille. Les hommes sont si matériels!

Monsieur, *loyal et paternel*. — Mon enfant, tu dis des bêtises grosses comme ton chignon. Nous sommes mariés depuis cinq ans. Pour moi, la lune de miel dure encore; il ne tient qu'à toi qu'elle dure toujours. La défiance est une conseillère perfide, mon amie. (*Sa voix devient très grave.*) Crois-moi, Jeanne. J'appartiens à une génération dont la jeunesse a été mûrie par de dures épreuves, qui prend très à cœur les choses de la vie et qui considère le mariage comme institution sérieuse, haute et... hum!... et primordiale...

Madame, *émue*. — Primordiale...

Monsieur, *très majestueusement*. — Primordiale. Aussi, mon enfant, je ne saurais trop te recommander de ne pas livrer ton cher petit cerveau aux papillons noirs. (*Avec une gaieté un peu forcée.*) Fi! les vilains papillons! C'est fini, n'est-ce pas?

Madame. — Oui. Mais, vois-tu, c'est si mauvais, le soupçon.

Monsieur, *fredonnant*. — *Le soupçon, Thérèse, il nous brise, il nous tue!* C'est dans le *Val d'Andorre*, n'est-ce pas?

Madame. — Oui. Ah! quelle jolie musique!

Monsieur. — A propos de musique, il me semble que tu négliges bien ton piano depuis quelque temps. Hier, tu as estropié cette valse de Schuloff que tu jouais si bien au commencement de notre mariage. Hein? te rappelles-tu? Chez ta mère... quand je te faisais la cour...

Madame, *songeuse et souriante*. — Oh! oui... et.. (*Un peu d'hésitation..*) le soir où maman est sortie du salon pour commander le thé à la vieille

Marianne... tu te souviens... j'étais au piano. Tu m'as embrassée sur le cou.... J'avais une peur quand maman est rentrée ! J'étais rouge ! Oh ! chéri, comme tu étais audacieux !

Monsieur. — Eh bien ! si tu veux, tu vas te mettre au piano et jouer ta valse de Schuloff. Nous prendrons du thé, (*Avec âme*) le thé du souvenir.

(*Il sonne. Une assez belle fille, brune, aux lèvres lippues, aux cheveux noirs et frisés à la racine, apparaît sur le seuil et s'appuie au chambranle de la porte.*)

Madame. — Anna, préparez-nous du thé.

Anna, *sèchement*. — Bien, madame.

Madame. — Vous apporterez deux tasses sur le petit plateau. Vous y mettrez le sucrier.

Anna, *un peu vibrante*. — Mais, madame, je ne l'ai pas, le sucrier. Vous l'avez mis dans l'armoire, même que vous avez dit que, le sucre, ça filait trop vite...

Madame, *raide*. — Je vous prie de me dispenser de vos réflexions. Voici la clef de l'armoire. Je dois vous dire, ma fille, que vous le prenez sur un ton qui ne me convient pas le moins du monde. L'autre jour, devant Mme Duponceau, vous vous êtes permis une observation qui aurait pu vous attirer vos *huit jours*. Songez-y ! Je n'aime pas les *répondeuses*. Allez.

Anna, *jetant un regard oblique à Monsieur*. —

7

Madame peut me donner mon compte, si elle le veut.

Madame, *près d'éclater.* — Prenez garde !

Monsieur, *conciliant.* — Voyons, voyons, du calme. Anna, faites le thé, et apportez-le le plus tôt possible.

Anna, *tournant le dos à madame.* — Bien, monsieur.

(*Exit Anna.*)

Madame, *avec des notes au-dessus de la ligne.* — Je chasserai cette fille ! Je la chasserai, cette fille ! Elle est plus maîtresse que moi ici !

Monsieur. — Pourquoi veux-tu chasser cette fille ?

Madame. — Me prenez-vous pour une pensionnaire ? Est-ce que je ne remarque pas ce qui se passe ? (*Levant les mains au ciel.*) Oh ! ma mère ! ma mère !

Monsieur. — La, la ! Les grandes eaux !

Madame. — Ah ! les hommes n'ont pas de cœur !

Monsieur. — C'est entendu : les hommes n'ont pas de cœur. Voilà un refrain que tu m'as chanté quelquefois, bijou.

Madame. — Un refrain ! (*Un temps.*) Écoutez, André. Jusqu'ici, j'ai fait preuve d'une patience peu commune. Vous avez, dès le premier jour, brisé tous mes rêves de jeune fille.

Monsieur. — Ah ! si nous revenons *aux rêves de jeune fille...*

Madame. (*Elle se jette sur un canapé.*) — Mon Dieu ! qu'ai-je fait au ciel pour...?

Monsieur. — Veux-tu être raisonnable, Jeanne ? Laisse-moi t'embrasser, là, sur ton petit signe. (*Il l'embrasse à la nuque.*) Je reconnais l'endroit...

Madame, *radoucie subitement*. — Grand fou !

Monsieur. — Joue-moi ta valse. Dis moi, me feras-tu une scène si j'empoisonne ton salon ?

Madame. — Non, non. Fume tes affreux cigares. Oh ! tu es si gentil, quand ça te plaît !

Monsieur. — Je le suis et je le serai toujours, mon rat béni ! C'est toi qui es folle !

Madame. (*Elle se jette sur son pleyel et joue la valse de Schuloff, avec un doigté singulièrement agile. Aux variations de la fin, elle regarde son mari d'un œil humide.*) — C'est à ce passage-là, n'est-ce pas ? En rentrant, maman m'a dit : « Comme tu as des couleurs, fi-fille ! » Puis — je ne te l'ai jamais répété — elle a ajouté tout bas : « C'est désastreux, bichette, mais tu es ponceau ce soir ! » Si elle avait su...

Monsieur, *réellement ému et l'embrassant à pleines lèvres* — Chère enfant !

(*Anna apporte le thé. La soirée s'achève de façon tendre. Monsieur, vers deux heures du matin, regagne sa chambre. A dix heures, il se lève, s'habille et sonne. Anna paraît.*)

Monsieur. — Voyons, Anna, c'est insupportable. Regardez ces bottines. Est-ce ciré ? Je vous en fais juge.

Anna. — Mais, monsieur, je vous jure que...

Monsieur. — Vous me jurez... vous me jurez... Ces bottines sont ridicules !

Anna. (*Elle prend les bottines, les regarde un instant et les jette au milieu de la chambre.*) — Eh bien ! cire-les toi-même !

LA CHARITÉ

À chaque instant, un fait divers — qui, de prime abord, semble aussi banal qu'un serment d'amour — passe inaperçu. On lit sous la rubrique : *les Informations :* « Hier, à dix heures, un homme, jeune encore et vêtu d'une façon convenable, se précipitait dans la Seine, à la hauteur du pont Royal. Un gardien de la paix, nommé Courtencuisse, n'hésita pas à plonger immédiatement. Après deux tentatives infructueuses, il ramena à la surface un corps presque inanimé. Étendu sur la berge, le noyé reçut les secours empressés du docteur Morand. Le pauvre diable (pas le docteur Morand) en sera quitte pour un bain froid un peu trop prolongé. Il a avoué qu'il n'avait pas mangé

depuis quatre jours et que la misère l'avait poussé au suicide. Le gardien de la paix Courtencuisse n'en est pas à son premier acte de dévouement. » Puis, plus rien. La faim ! Cet homme souffrait de la faim ! Il sentait ses entrailles se tordre. D'étranges et confuses visions hantaient son cerveau déjà presque vide. Des cris vagues s'échappaient de ses lèvres sèches et tremblantes, comme des lèvres d'un moribond. Il paraît qu'à ces heures-là la salive rare retombe au dedans en gouttes de plomb fondu. C'est horrible. Le malheureux s'était penché sur le fleuve. Il avait vu trouble et noir.

Oui, c'est à ne pas croire, et cela est. Il y a à deux pas du café Anglais, non loin de la boutique où Samper étale deux millions de diamants, au moment où Mlle Léonide Leblanc passe, nonchalante, dans un délicieux huit-ressorts, fruit de ses épargnes, au beau milieu de cette *vie facile* qu'a si curieusement dépeinte Albéric Second, il y a des êtres dont la poitrine brûle ainsi. On comprend la faim dans un désert, parmi les pampas, sous les neiges boréales. Mais à Paris, sur les boulevards, devant la vitrine de Chevet, monsieur le procureur de la République ! Cela est vrai, pourtant. La faim n'est point un mythe. Il existe une maladie de ce nom. — « On ne meurt pas de faim, à Paris ! » disent, de la meilleure foi du monde, les gens qui sortent un peu lourds de la Maison d'Or. Bons vivants, peut-être, mais qui ne peuvent guère soupçonner de certains « dessous » parisiens. Grand pardon, mes beaux messieurs, je vous jure que ces accidents-là arrivent.

Un matin, il y a longtemps de cela, aux premières lueurs d'une aube douteuse, rue de la Vieille-Lanterne, on trouva un homme pendu à l'espagnolette d'une fenêtre basse, humide et moisie. C'était l'auteur des *Filles du feu* et de la *Bohême galante*, un doux rêveur, Gérard de Nerval. A coup sûr, Gérard eût pu aller heurter à plus d'une porte. J'imagine que celle de Gautier, pour n'en indiquer qu'une, se serait ouverte à deux battants. Mais la honte l'avait saisi à la gorge. Des amis rencontrés au coin d'une rue élégante lui avaient très certainement offert, la veille et le jour même, quelques verres de vermouth ou quelques cigares d'une haute marque de la Havane; mais pas dix sous pour acheter du pain et du saucisson. Demande-t-on dix sous? La tête vacillante, l'œil terne, il rôda, une nuit qu'il ventait fort, dans une de ces rues sombres du vieux Paris où il était sûr de ne point rencontrer de beaux jeunes gens, eut avec lui-même un suprême colloque, pleura peut-être des larmes de sang, de ces larmes que l'*ange des douleurs,* ainsi que le prétend le poète, recueille dans un vase d'or et porte aux pieds de l'Eternel puis, affolé, sans doute par cette faim qui le harcelait comme une hyène, il se pendit et s'en alla rejoindre je ne sais où les âmes qu'il avait chantées !

Je cite un exemple au hasard. Que d'autres viennent sous ma plume! Ces affreuses choses sont de tous les mondes. Demandez au préfet de police, aimables incrédules, qui trouvez que la grande fine champagne de chez Bignon n'est plus ce qu'elle était autrefois. Il est simple de murmurer le soir, à la sortie des théâtres, à l'oreille de gens à figure épanouie : « Un petit sou, monsieur, s'il vous plaît. » Le petit sou est bien vite donné, je me hâte de le reconnaître. L'aveugle de Bagnolet, dont le vieux chansonnier a raconté l'aventure en strophes oubliées déjà, ne dit point une sottise quand il prétend que *le bonheur rend l'âme si bonne!* Ne calomnions pas les « heureux » et avouons qu'ils ont maintes fois la main largement ouverte. Oui, mais il y a, dans des bouges que nous ignorons trop, des sanglots qui ne veulent point être entendus, de fières souffrances qui se cachent et qui attendriraient le cœur d'un coulissier. La misère a ses pudeurs.

C'est à cette misère-là qu'il convient d'aller tout net, sans s'occuper d'autre chose que de l'œuvre sainte à accomplir. Hugo a écrit quelque part qu' « il fallait admirer Shakespeare comme une brute. » J'en dirai presque autant de la charité. Il importe de la pratiquer comme une brute, sans réfléchir, d'instinct, d'enthousiasme — pour la charité elle-même. C'est l'éternel honneur de l'humanité. Le gardien de la paix Courtencuisse ne doit pas avoir à plonger pour sauver un misérable. Il n'est pas admissible qu'un être créé puisse mourir de faim !

Je ne fais pas difficulté de confesser encore une fois que la charité, en France, s'exerce de large façon. Elle revêt parfois, cette bienfaisance privée, des formes bizarres. Le *amo nesciri* de l'auteur de l'*Imitation* n'est point la règle en matière semblable. La vanité se mêle à tout. J'ai parlé déjà des bals de bienfaisance et des ventes de charité. Il est clair que tout cela prête à la raillerie. Telle femme, décolletée de façon à pouvoir allaiter un jeune enfant sans déranger un pli de son corsage, paradera dans une loge d'opéra payée mille francs, un soir de grand gala de charité, qui ne donnera pas une obole à une mendiante déguenillée portant sur ses bras un enfants aux lèvres bleuies. Telle autre fera la gamine en vendant à un gommeux — pour deux louis — un cigare d'un sou, qui se souciera du but final comme d'un vieux gant.

Eh ! que nous font ces ridicules ? Le résultat est là qui s'impose avant tout. Les hommes s'achètent des outils, les mères vont chez le boulanger, les petits qui toussent ont enfin une capeline de laine bien chaude. L'œuvre de charité est faite. Foin du reste ! En un mot, il ne faut pas qu'il y ait, dans un pays qui se targue de porter haut le drapeau de la civilisation, des gens qui meurent de cette abominable maladie qui s'appelle la faim. *Malesuada fames*, ô les criminalistes !

On voit que je rends à la charité privée l'hommage qu'elle mérite. Elle m'inspire une sincère admiration, sous quelque forme qu'elle se manifeste, surtout en présence de faits divers dans le genre de celui que je citais au début de cette chronique. Néanmoins, il me sera permis, sans prétendre rechercher cette pierre philosophale qui a nom « l'extinction du paupérisme, » de regretter que la charité ait une double face. Elle soulage et elle dégrade. J'ai lu, jadis, un mot bien curieux et bien vrai de Wolowski : « La charité est une sorte de régime protecteur de la misère. » Il est impossible de mieux toucher la plaie que ne le fait cette petite phrase sèche, nette et cruelle. Je n'ai pas, on le comprendra sans peine, de système tout prêt à offrir à mes lecteurs. Les associations, les assurances mutuelles, les caisses de secours ont été l'objet de nombreuses et sérieuses études. Ce qui m'afflige, c'est que les honorables appelés à nous gouverner ne s'inquiètent pas plus que leurs devanciers de ces questions si poignantes. Ils se « mangent le nez, » à propos de chinoiseries parlementaires qui n'intéressent personne, et regardent passer d'un œil indifférent la grande et redoutable armée des affamés et des misérables ! Ah ! si j'étais à moi seul tout un collège électoral, je sais bien quel mandat impératif j'imposerais au député de mon cœur. Je lui enjoindrais de ne s'occuper de politique qu'à ses moments perdus et de tendre avant tout à la solution graduée de certains problèmes sociaux qui font dresser les cheveux sur la tête des gens préoccupés de l'avenir. Mais voilà ! je ne suis pas à moi seul tout un collège électoral ! Ce Bertron, *candidat humain* si raillé, n'était peut-être pas le pitre que nous avons cru !

L'HOPITAL

Il y a des mots que le peuple, par un instinct souvent justifié, ne prononce qu'avec effroi. N'avez-vous pas remarqué cette étrange horreur pour certains vocables chez les gens incultes? On dirait que les syllabes « sonnent lugubre ». Ainsi de l'hôpital. Hôpital ! L'ouvrier malade ne va à l'hôpital qu'à la dernière extrémité. Il se raccroche à son grabat de ses dernières forces. La ménagère se voile la figure. Les petiots sanglotent sans trop savoir pourquoi, à tout hasard et parce qu'il y a des larmes dans l'air. Ils se groupent dans un angle de la mansarde, *chouinent* et s'essuient le nez du revers de leur main. L'homme, lui, est pâle, moins du mal qui le ronge que de l'hôpital entrevu. Les romanciers n'ont pas inventé ces scènes horribles. Elles sont quotidiennes, en des quartiers étroits, humides et gluants. A la croyance du peuple, on n'entre à l'hôpital que pour en sortir *les pieds devant* et dans la grande voiture noire. Hôpital et cimetière ! c'est tout un.

Le bourgeois renté s'étonne de ces terreurs. Il ne s'explique pas qu'un prolétaire malade ne préfère point de beaucoup aux cinq pieds carrés de son bouge la vaste et haute salle de l'hôpital. Là, le parquet est propre et luisant. Les bruits de la rue s'éteignent à la porte de l'énorme rectangle sombre et ne sauraient parvenir jusqu'au pauvre qui sommeille sur une couchette de jeune fille. Après la visite du médecin en chef, flanqué d'internes et d'élèves, le silence n'est plus troublé que par la sœur qui trotte menu et discrètement. Et l'ouvrier aime mieux crever comme un gueux dans sa soupente de la rue du Fouarre ! C'est stupide, n'est-ce pas ! Eh bien ! bourgeois mon ami, l'ouvrier a raison. Ce n'est pas vague et sotte appréhension de sa part. L'hôpital est un sinistre lieu.

Nous avons compris et installé de telle sorte les quinze hôpitaux de Paris — je ne parle pas des *hospices,* qui, dans la langue administrative, ont une tout autre signification — que c'est péril que d'y mettre le pied. C'est en vain que des architectes ont prodigué là la pierre de taille, le stuc et le chêne. L'hôpital a un vice irrémédiable que je dirai tout à l'heure, et que rien ne peut détruire. Les misérables s'en rendent compte d'une façon confuse, mais vive. Voilà pourquoi la phtisique d'Eugène Sue, qui *crache ses pou-*

mons, hurle comme une damnée quand on veut l'arracher de son lit de grosse paille. Il me paraît que, au lieu des trois beaux mots : *Liberté*, *Égalité*, *Fraternité*, qui sont inscrits au frontispice des hôpitaux et des maisons de détention, il vaudrait mieux écrire carrément trois autres mots : le *Lasciate ogni speranza* du désespéré « au front livide et vert. »

J'ai eu à cœur, avant de traiter ce sujet grave, sur lequel j'avais eu plus d'un entretien avec un ami compétent, de visiter un hôpital. Je suis allé tout droit à l'Hôtel-Dieu. Ce n'est plus l'Hôtel-Dieu que nous regardions d'un œil un peu effarouché, au temps de notre première jeunesse, alors que, collégiens ivres de liberté, nous traversions les ponts le dimanche pour aller jouer au billard au quartier latin, dans des cafés où des femmes aux cheveux luisants fumaient des cigarettes. C'est un Hôtel-Dieu large, de style à la fois sévère et laid, un prototype de l'architecture à la mode durant le second empire. L'ancien Hôtel-Dieu avait son originalité — originalité ignoble, j'y souscris, tout comme le cabaret du *Lapin blanc*, qui se trouvait derrière, à cinquante pas de distance. L'Hôtel-Dieu moderne ressemble à une maison de banque, à une caserne ou au théâtre du Châtelet. C'est un grand monument bête.

Vous sentez que je n'entends pas le décrire. J'aurais l'air de découvrir la Madeleine. — Dans la salle des hommes où j'ai pénétré tout d'abord, j'ai vu un médecin aux traits fins, émaciés et flétris, qui s'agitait beaucoup au milieu de jeunes docteurs et de jeunes étudiants. Il allait et venait, interpellant *la mère*, expliquant les cas, usant d'un style fort net, cherchant le mot, voire le mot pour rire, et le rencontrant mainte fois. Tout le monde l'écoutait tête nue — et les plus proches de lui avec un sourire complaisant. On se découvre en entrant chez les malades. Ceux qui ne veulent pas tenir leur chapeau à la main le placent sur le premier lit à gauche. Le malade qui occupe ce lit retire ses jambes, se ratatine, fait *petite bonne femme*. Il y a alors place pour un certain nombre de chapeaux. J'en ai compté sept. Ne dirait-on pas que, retournant la formule, les familiers de l'endroit saluent ceux qui vont mourir ?

Ces deux longues rangées de lits blancs sont d'aspect virginal. C'est un virginal qui choque les narines et serre le cœur. Il y a une odeur vague, fadasse, impossible à décrire. Du côté des femmes, j'ai éprouvé une impression plus saisissante encore. Elles sont toutes là, étendues, proprettes, muettes, avec des regards qui interrogent. L'une — le troisième lit à droite, si je ne me trompe — dormait sur le dos et la bouche ouverte. Imaginez un masque safrané et hâve. Les dents, serrés les unes contre les autres, paraissaient être des dents de squelette. Les mains, d'une pâleur de cire, juraient avec la toile blanche. On démêlait tout le corps de cette femme sous les rigides saillies du drap. Quels os! Quelle maigreur! A l'heure où j'écris, j'ai encore devant les yeux cette pauvresse, arrivée sans doute à la dernière période, sèche, immobile, assez semblable à une de ces statues que les *tailleurs d'image* du treizième siècle, maçons de génie, étendaient — grêles et raides — sur les tombes féodales.

La visite terminée, on passa à la salle de conférence. C'est là que le professeur fait son cours. Je n'avais pas trop compris ce qu'avait murmuré ce savant en passant devant le lit d'un malade. Il avait tout simplement donné l'ordre que le malade s'habillât et vînt s'offrir comme sujet d'étude aux jeunes gens « jaloux de tout connaître ». Le malheureux diable s'était vêtu à la hâte de l'uniforme d'hôpital et était là devant nous. Mon Dieu, je sais bien que ces agissements-là sont nécessaires. Pas moins vrai que cette pièce anatomique vivante m'*estomaqua* quelque peu, comme eût dit la Grande Mademoiselle. Ce vieillard avait l'air « tout chose. » Le professeur lui demanda son nom, son âge et sa profession. Laudon, soixante-trois ans, journalier. Pour un peu, j'ai vu le moment où il allait appeler l'autre « mon président. »

Cet homme était agité d'un tremblement bizarre. Les pouces, particulièrement, exécutaient un *tremolo* excessif. Le professeur, à l'encontre de deux confrères qui optaient pour le tremblement alcoolique, croyait et nous expliqua pourquoi il croyait à une *paralysis agitans*. De son côté l'homme attestait les dieux que jamais, au grand jamais, il ne buvait plus de trois *cintièmes* par jour. Il prétendait que ce tremblement l'avait saisi après une douloureuse secousse : la mort de sa *défunte femme*. L'allégation amena quelques sourires sur les lèvres des sceptiques de vingt ans qui peuplaient l'amphithéâtre. Désireux de savoir si les jambes tremblaient aussi, le professeur formula d'une voix brève : « Otez votre pantalon ! » Lors. docile, un peu honteux pourtant, le veuf inconsolable laissa tomber sa culotte.

Je dois rendre cette justice à ce professeur, un peu satisfait de lui-même (et c'est un des plus modestes, à ce qu'on assure), qu'il expose ses démonstrations avec une rare lucidité. J'ai très nettement suivi et saisi, moi profane, à part quelques mots techniques, toute la thèse de ce « prince de la science ». Laudon est purement affecté d'une *paralysis agitans*. Je crois aux trois *cintièmes* de Laudon. Et si le grand noir de droite, le champion du tremblement alcoolique, veut discuter avec moi il trouvera désormais à qui parler. Je n'ai pu m'empêcher, le chroniqueur n'abdiquant jamais ses droits, de songer *in petto*, quand ce malheureux a ôté sa culotte, aux jeunes filles que Mlle Hubertine Auclerc encourage dans la voie de la science médicale. Ne pensez-vous pas, ô mes contemporains, qu'il y aurait quelque inconvénient à conduire devant les sacrés autels une vierge qui aurait fréquemment assisté à de pareils spectacles et qui, le lendemain des noces, fidèle à son devoir, irait par la ville visiter ses clients et répandre *manibus plenis* le copahu consolateur.

Oui, pour en revenir à mon point de départ, le peuple a raison de tenir les hôpitaux en instinctive méfiance. Il y a là une question depuis longtemps discutée et jugée. Les hôpitaux, tels qu'ils sont établis, sont à la fois dangereux pour les malades et dangereux pour les habitants du quartier. Un aimable et distingué médecin de Paris soutint jadis cette thèse, et de façon très brillante, dans un grand journal du matin. Vous entendez d'ici les cris d'orfraie que poussa la gent médicinante ! Toucher à la routine ! Quelle audace ! Rien de plus logique et de plus indiscutable pourtant que le raisonnement tenu alors par cet habile docteur doublé d'un séduisant écrivain. L'hôpital a fait son temps. Cela est si vrai que les pauvres gens, en haine de l'hôpital maudit, se précipitent tous vers les cliniques particulières.

Je n'aurai pas à faire grand effort d'argumentation pour prouver que l'hôpital cause le plus sérieux préjudice aux rues environnantes. C'est là un fait qui s'impose et ne se discute point. J'en appelle aux habitants du quartier Notre-Dame, qui, il n'y a pas bien longtemps, élevaient d'ardentes réclamations à propos de l'aile de bâtiment réservée aux varioleux. La variole avait rayonné sur toutes les maisons du voisinage. Ce n'était plus que boutons et pustules, de l'entresol au sixième. L'hôpital est dangereux pour le malade lui-même, ai-je dit. Ma foi, je suppose que le professeur *ut suprà*, le docteur Sée, s'il le faut nommer, se rangera hardiment de mon avis. N'est-ce pas lui qui, après M. Broca, le docte sénateur, a fait une expérience d'où il appert, clair comme le jour, que l'hôpital est proprement un foyer d'infection ?

Aussi bien, l'expérience connue du docteur Broca suffit. Je ne crois pas qu'il y ait dans le monde une expérience plus concluante. D'excellents esprits, des savants *autorisés*, pour parler le « charabia » actuel, ont déclaré à plus d'une reprise que cette expérience ne pouvait être contestée sérieusement. J'ajouterai que le résultat de cette expérience fut communiqué à l'Académie des sciences, qui, de prime abord, demeura ébahie. Voici comment avait procédé M. Broca : il avait pris des seaux neufs et des éponges neuves. Les seaux étaient emplis d'eau soigneusement distillée. Le docteur alla à l'hôpital, imbiba ses éponges de cette eau pure et les passa sur la muraille. Rentré dans son laboratoire, il analysa l'eau où il avait rejeté les éponges et y trouva le ferment de toutes les maladies. Il est doux de penser qu'un pleurétique peut sortir de l'hôpital absolument guéri de sa pleurésie mais en emportant avec soi le germe d'une bonne fièvre typhoïde !

Il est bien certain que moi, qui connais l'Hôtel-Dieu depuis trois jours, j'aurais mauvaise grâce à vouloir résoudre d'un trait de plume des questions qui ont dû préoccuper les hommes spéciaux. Le mal existe, néanmoins. Je le signale d'après autrui. En ce pays de coutumes tenaces, quand un publiciste écrit une phrase aussi grosse que celle-ci : « Il ne faut plus d'hôpitaux », les fabricants de tulles et blondes de la rue Saint-Denis n'hésitent pas à affirmer que ledit publiciste est un énergumène et caresse le projet d'élever une petite guillotine sur la place du Trône-Renversé, afin d'y pouvoir faire monter chaque jour cinquante-un *suspects*, préalablement fagotés d'une chemise rouge.

Je ne demande pas d'exécutions en masse. Je ne demande pas davantage que tout malade soit soigné, aux frais de l'État, dans un pavillon élégant, entre cour et jardin. Mais pourquoi fermer les yeux aux évidences lumineuses ? Le mode adopté par les Américains est tout ensemble si peu coûteux et si fertile en bons résultats que je ne verrais aucun inconvénient à ce que nous l'admissions à notre tour, dût l'immortel Chauvin se voiler la face. Il faut établir dans les campagnes environnant les villes, des hôpitaux provisoires de système américain, c'est-à-dire en toile et en planches, qui ont le triple avantage d'être très bien aérés, peu dispendieux et d'un chauffage facile. Lorsque un de ces hôpitaux a fonctionné pendant trois ans, on le brûle et on laboure la terre où il était bâti. Dix-huit mois après, on peut le réinstaller sans danger sur le même emplacement. C'est aussi simple que ça. Il est vrai que c'est un peu trop simple !

Nous avons tous vu, à Paris, pendant le siège, l'ambulance américaine. Nous en avons admiré le fonctionnement ingénieux. Pendant que les Américains sauvaient un nombre extraordinaire de blessés, les autres écloppés mouraient comme des mouches dans nos insalubres hôpitaux. Supposez-vous qu'un semblable enseignement nous profitera jamais ? Ah ! bien ouiche ! Ce serait bien peu connaître cette curieuse race latine à laquelle nous avons le bonheur d'appartenir. L'Hôtel-Dieu a coûté soixante millions, est d'un entretien exorbitant, empeste le quartier et tue les malades. Qu'importe ? C'est l'Hôtel-Dieu de la France ! Et les Français seront toujours les Français ! Pauvres nous ! N'ayez doute que, dans deux siècles, nos arrière-petits-neveux pourront encore contempler avec un légitime orgueil ces hôpitaux abominables qui s'étalent — comme les léproseries et les maladredries du moyen âge — en plein cœur de la grande ville !

ENCORE L'HOPITAL

N fort honorable docteur me prend à partie, dans un journal du matin, à propos de ma chronique de l'autre jour sur les hôpitaux, et me dit mes petites vérités à la bonne franquette. La réponse avait été annoncée de façon quelque peu solennelle. Je l'ai lue avec curiosité, en homme qui s'apprête à recevoir sur le chef un paquet d'arguments irrésistibles. « Mon contradicteur est du bâtiment, avais-je pensé. Il faut jouer serré et se tenir ferme. » Quelle n'a pas été ma stupeur? Rien, absolument rien, mais, là, vous savez, ce qui s'appelle rien. D'agréables variations sur des points où tout le monde tombe d'accord, voilà tout. Mon confrère improvisé excusera ma rude franchise : il me semble être parti en guerre avec un fusil de paille et un sabre de bois.

Ainsi que mon contradicteur, j'estime qu'il est

« des matières où le paradoxe n'est pas de mise et où l'esprit même perd ses droits ». Du diable si j'avais songé à faire du paradoxe ou de l'esprit ! J'avais tout bonifacement traité de mon mieux une question un peu aride, mais d'une importance capitale. Je m'étais efforcé de la soumettre à mes lecteurs aussi clairement que possible. Ecrivain de bon vouloir, je m'étais, au préalable, entouré de renseignements spéciaux. Je ne cacherai même pas, dussè-je stupéfier le belliqueux docteur qui prend du champ contre moi, qu'un de mes *renseigneurs* porte un des noms les plus connus et les plus aimés dans la médecine. Puis, j'imagine que le docteur a dû lire comme moi ces brochures sans nombre où des faits effroyables — avec noms, dates et adresses à l'appui — démontrent au delà de toute évidence que les hôpitaux actuels sont des foyers d'infection.

Mon contradicteur chante sur le mode lyrique l'institution démocratique de l'hôpital, qui met au chevet du pauvre les mêmes maîtres de la science que la fortune met au chevet du riche. Il se pâme devant l'installation confortable, voire luxueuse, des hôpitaux. Les petits *lits blancs*, surtout, lui arrachent des larmes. De plus, il célèbre le savoir des docteurs et le dévouement des internes. Mais il ne s'agit pas de cela du tout, du tout. L'hôpital est une institution très démocratique, les petits lits blancs sont de gentils petits lits blancs, et les docteurs me paraissent être les plus savants du monde. Quant au dévouement des internes, il touche souvent au sublime. Il m'est arrivé de saluer, et bien bas, ces jeunes hommes, emportés en quelques jours, victimes de leur dévouement admirable, héros obscur du plus glorieux champ de bataille qu'il y ait sous le ciel. Que mon contradicteur en soit persuadé, il prêche là-dessus un converti. Entre temps, il confesse qu'il ne s'opposerait pas à de certaines améliorations. Je ne serai pas de cet avis. L'hôpital est infecté d'un vice radical. Il n'est donc pas besoin d'améliorations. C'est une transformation complète qu'il faut. Améliorez le coche d'Auxerre, adaptez-lui des roues neuves, capitonnez-le, rembourrez-le, et vous me direz la jolie mine qu'il fera auprès d'une locomotive!

Je ne croyais pourtant pas qu'il fût possible de se méprendre au sens de mon article. Je pourrais le résumer en quelques lignes : « L'hôpital, tel qu'il se comporte aujourd'hui, a fait son temps. Bâti au milieu des villes, il empoisonne les quartiers voisins. En outre, il y a des dangers de contagion pour les malades, qui, guéris d'une affection pulmonaire, par exemple, peuvent sortir en emportant le ferment d'une affection typhoïdale. Voilà le mal. Cherchons le remède ». C'était simple, on le voit. Ces deux arguments là étaient tout l'article. Voici par quelle phrase au

moins singulière mon contradicteur en fait justice : « *Quant à ce qui est du cas de contagion, il est probable que vous l'accordez* (?) ; *le père de famille généreux et aimant est le premier à se sacrifier pour épargner les siens. S'il s'y refuse par égoïsme, la loi de salubrité générale, qui le force au devoir, est-elle de celles que vous blâmez?* »
J'offre une forte prime à celui qui pourra démêler le sens de ces termes sibyllins. L'auteur est admis à concourir. On m'accordera sans peine que ce sont là de commodes procédés de discussion.

J'y insiste donc. L'ouvrier a raison de se défier de l'hôpital. L'hôpital ne sera plus une cause de terreur pour le voisinage le jour où il sera devenu excentrique. On multipliera les moyens de locomotion et de transport. L'argent dépensé pour les pauvres gens qui souffrent est de l'argent toujours bien placé. Et qu'on ne dise pas que je m'appuie sur des réclamations vagues ou sur des documents douteux. Ouvrez le *Bulletin hebdomadaire de statistique démographique*, voyez les conclusions de la vingt-troisième semaine », en date du 10 du présent mois de juin, et lisez cette triste observation : « On remarquera que les sévices de la variole et ceux de la diphtérie continuent à s'exercer dans les quartiers contigus aux hôpitaux Saint-Antoine et Sainte-Eugénie (*Quinze-Vingts, Picpus, Sainte-Marguerite*). »
Aussi bien, je ne suppose pas qu'il y ait là matière à controverse. Il est tout à fait incontestable que

l'hôpital est un danger de chaque heure pour les quartiers environnants.

En ce qui touche le danger que l'hôpital offre au malade lui-même, j'ai cité l'expérience si concluante des éponges du docteur Broca. J'en aurais pu citer bien d'autres. Le médecin qui me cherche noise ne doit pas ignorer l'expérience fameuse de l'hôpital Lariboisière. On suspendit au milieu de la salle une boule en cristal pleine de neige et hermétiquement fermée. Au-dessous de cette boule, la vapeur d'eau de l'atmosphère vint se condenser. On recueillit cette vapeur d'eau dans une éprouvette et on l'analysa. Elle contenait le germe de toutes les maladies ! En bonne conscience, il ne faut pas crier sur moi tout de même que sur un pelé si, en présence de ces exécrables conditions d'hygiène, j'engage l'ouvrier à se garer de l'hôpital comme d'une peste !

Ce ne sont point là des mots en l'air. Je sais bien les périodes qu'on peut faire sur les mansardes et les grabats des pauvres. Je possède assez le « cabotinage » de ma profession pour affirmer sans fausse modestie que, à la rigueur, avec un peu de travail, je me tirerais aussi bien qu'un autre de cette insignifiante phraséologie. Je désire n'avancer que des faits. L'expérience du sénateur Broca, l'expérience de Lariboisière, l'expérience dite « de la carafe » sont des expériences que nul ne peut révoquer en doute. Le docteur Bertillon vient de constater ces jours-ci que des enfants allant à la consultation — à la consultation, vous m'entendez bien — de Sainte-Eugénie pour des « maladies bénignes » y ont contracté le croup, auquel ils ont succombé !

Dans nos compagnes, les femmes supportent, d'ordinaire, les douleurs de l'accouchement avec une énergie qui étonnerait quelque peu les dolentes mondaines. Il n'est pas rare de voir une robuste paysanne, surprise au milieu de la neige par les premières douleurs, accoucher au bord d'une route, mettre le bébé dans son tablier et faire plusieurs kilomètres pour rentrer chez elle. Là, elle boit un verre de vin chaud et se couche. Cinq jours après, elle est sur pied et trait ses vaches. Mon Dieu, il va de soi qu'il vaut mieux faire ses couches sur un petit lit blanc et au sein d'une douce chaleur. Eh bien ! je suppose cette même femme à l'hôpital, soignée par d'intelligents praticiens, mais dans une pièce où règne le virus puerpéral. En quelques jours elle mourra tout net, sous l'œil vigilant de la faculté.

Infection au dedans, infection au dehors : tel est l'hôpital actuel. Mon contradicteur, ardent défenseur de l'Hôtel-Dieu, se livre à une aimable sensiblerie. Quelle consolation que d'attraper une maladie contagieuse dans un énorme monument qui a coûté soixante millions et a procuré à l'empereur Napoléon III l'occasion de lancer une antithèse hardie à propos de l'hôpital et de l'Opéra — la maison de souffrance des pauvres et la maison de plaisirs des riches! Ce sont des lieux communs sonores, avec lesquels un homme de bon sens ne se laisse pas berner. Je ne m'inquiète pas des intentions, qui ont pu être et qui ont été excellentes. Le résultat est là, net, indiscutable, et qui ne permet pas les déclamations à côté du sujet.

L'Hôtel-Dieu, ai-je dit, a occasionné soixante millions de dépenses premières. Le chiffre de l'entretien atteint des proportions folles. Il a été calculé que, tout compte fait, un malade coûte autant à l'Hôtel-Dieu que s'il était soigné dans une chambre du Grand-Hôtel. Je vous vois venir avec vos rengaines sur l'égalité démocratique. Il n'est pas question de cela. Le véritable et sérieux amour du peuple consisterait à lui édifier des asiles qui ne seraient pas de véritables foyers d'infection. Or, avec l'argent englouti par le seul Hôtel-Dieu, on aurait pu construire, à la mode anglaise et américaine, les hôpitaux que j'indiquais, excentriques, bien aérés, d'un chauffage facile, même par les *températures polaires*, provisoires, sans l'ombre d'un péril en un mot. Encore un coup, on multiplierait les voies de transport. Ces hôpitaux, installés dans d'immenses parcs, non loin des grands faubourgs de Paris, contiendraient à eux tous beaucoup plus de malades que n'en contient l'Hôtel-Dieu, et occuperaient un grand nombre de médecins et de chirurgiens de valeur dont l'activité ne trouve pas d'emploi.

Je parlais des ambulances américaines où, pendant le siège de Paris, on sauvait vingt fois plus de blessés que dans nos hôpitaux. Je n'ai malheureusement pas sous les yeux l'ouvrage du docteur Chenu, relatif au service médical durant la guerre de Crimée, et je ne puis le citer que de mémoire. Je ne crois pas me tromper, néanmoins. Alors que les Anglais arrachaient à la mort les deux tiers de leurs blessés, grâce à leur merveilleuse installation, nous, bons Français, cantonnés dans notre routine, nous perdions soixante-quinze mille hommes, enlevés pour la plupart par la fièvre et la pourriture d'hôpital. N'espérez donc pas nous leurrer avec vos grands mots détournés de leur sens réel! C'est mal aimer le pauvre que de l'aimer ainsi!

En somme, je ne veux pas éterniser cette question de l'hôpital — bien que ce soit là une chronique de Paris, et une vraie, et une douloureuse, je vous en réponds. En deux mots, l'espèce est celle-ci : l'hôpital est-il un danger pour les quartiers voisins? Oui. L'hôpital est-il un danger pour les malades eux-mêmes? Oui. Convient-il, sans se payer de banalités oratoires, de transformer radicalement un semblable état de choses? Oui, cent fois oui, mille fois oui. *Toute la question est là et non ailleurs.* J'ajouterai que, si le système américain ne vous séduit pas, cherchez et trouvez autre chose, mais cherchez et trouvez quelque chose. Je m'explique parfaitement l'horreur du peuple pour l'hôpital et sa tendance à se précipiter vers les cliniques particulières — afin de s'isoler des maladies infectieuses. Et voyez ce que c'est que de nous ! C'est un honorable docteur, praticien peut-être très distingué, qui défend les vieux usages et répond à deux arguments précis, appuyés sur des faits tangibles, par des développements de rhétorique ! Voilà où nous en sommes en l'an de pestilence hospitalière 1882.

LE MONT-DE-PIÉTÉ

E tribunal de la Seine vient d'infliger au mont-de-piété un avertissement qui, je l'espère, portera ses fruits. Je ne sais par quel singulier abus des mots on en est arrivé à appeler « mont-de-piété » cette énorme officine d'usure officielle. Quand un homme, orné d'un accent tudesque, escompte du papier au-dessus du taux commercial de six pour cent, le parquet fait les grands bras, débite d'une haleine la discussion de Mourlon sur le taux légal et réclame contre le délinquant l'application des peines édictées par la loi. S'il s'agit du mont-de-piété, le parquet laisse passer et laisse faire, le mont-de-piété étant un être d'exception qui jouit des plus larges et des plus extraordinaires franchises.

Je n'ai pas contre cette charitable institution l'ombre d'une rancune personnelle. Je suis bien tenté parfois de crier au mont-de-piété : « Rends le *boni* ! » Mais, l'aventure remontant à plus de dix années déjà, j'estime prudent de ne pas élever une réclamation judiciaire. L'avocat du mont-de-piété ne manquerait pas de m'opposer l'implacable prescription. Il me faudrait payer tous les « dépens », pour parler la langue barbare des gens noirs, de quoi je serais fort marri. Envisagé au point de vue de cette éternelle montre d'étudiant que nous *accrochions* sans cesse dans le but de goûter les ivresses de la haute vie, le mont-de-piété apparaît plutôt comme un personnage enjoué. On dirait d'un oncle du Gymnase revêtu d'un caractère administratif. On lui donne alors des surnoms pittoresques. C'est, le plus communément, *le clou*. M. de Germiny, plaidant dans une affaire où estait le mont-de-piété, n'avait même pas hésité à l'appeler « ma tante » d'un ton badin. Le mont-de-piété n'a pas toujours de ces allures folâtres.

Il se passe, dans ces antres où l'on ne pénètre guère que le chapeau rabattu sur les yeux, d'horribles petits drames. Ces matelas, ces draps de lit, ces machines à coudre, engagés le plus souvent en plein hiver, ont à un étrange degré cette « tristesse des choses » dont parle le poète. J'ai vu un jour, un jour de montre (quel beau Bullier, le soir!) une pauvre femme qui sortait du bouge. C'était une femme jeune, proprement vêtue, d'un maintien décent, quelque chose comme une maîtresse de piano sans élèves. Elle venait d'emprunter — combien?

dix francs peut-être — sur un petit médaillon que l'homme n'avait pas mis encore dans le casier. Il était là, ce petit médaillon au cercle d'or usé, avec des airs tout tristes. Pendant que l'employé examinait ma montre, — il la connaissait pourtant bien, l'animal, — je regardais ce médaillon. C'était une miniature naïve : un vieillard à toupet Polignac, à vastes revers d'habit, à cravate immense. Le souvenir d'un grand-père, sans doute. Je n'ai jamais mieux compris qu'à cette minute-là le *sunt lacrymæ rerum*. Aussi bien, je n'entends pas faire de sentiment et j'en reviens à mon procès.

Ce mont-de-piété jouit réellement d'immunités curieuses. Il peut acheter du premier filou qui passe. Nul n'a le droit de revendiquer contre lui. L'article 2279 du Code civil ne lui est pas applicable. En vertu du décret de thermidor an XIII, le mont-de-piété échappe comme une mouche aux mailles du droit commun. Il se soustrait à l'action du propriétaire volé. Je suppose qu'une femme mariée, désireuse d'encourager les arts, porte au mont-de-piété mains objets de ménage, à l'insu de son conjoint, dans le but de prêter quelque argent de poche à un jeune rapin dans la gêne. Croyez-vous que le mari, le pot-aux-roses découvert, aura la moindre action contre le mont-de-piété? Point. Il devra rentrer chez lui cocu, dépouillé et mécontent. Ainsi du mineur. Le mont-de-piété n'a point à s'ingérer dans ces détails. Il y a évidemment là un danger d'ordre public.

En dehors de cette incompréhensible latitude accordée au mont-de-piété, cette institution de crédit *sui generis* se livre à l'usure, ainsi que je l'ai dit, avec le plus aimable abandon. En renouvellements et frais, elle impose aux malheureux qui ont recours à elle un taux de treize pour cent, avec l'approbation des jurisprudents de notre pays. Faites le compte et vous verrez que ce taux de treize pour cent est un faux *minimum*. Un négociant, pressé par une échéance, porte au mont-de-piété pour dix mille francs d'argenterie. C'est bien argent contre argent, n'est-ce pas? Le mont-de-piété, toujours généreux, avance deux mille cinq cents francs ou trois mille francs au plus, et, nanti d'un gage pareil, frappe l'emprunteur d'un intérêt de treize pour cent. C'est à faire crier un muet !

L'administration, qui estime si cher l'argent qu'elle prête, est singulièrement chiche quand il lui faut, à son tour régler les intérêts de l'argent qu'on dépose entre ses mains. La caisse d'épargne — officiellement — doit donner quatre pour cent. Elle retient un quart pour ses frais et, à Paris, a le droit de retenir un pour cent tout entier. En moyenne, la caisse d'épargne ne remet annuellement que trois et demi pour cent aux dépositaires. Donc, emprunteurs, nous payons treize pour cent à l'administration, bien et dûment munie d'un gage, et, prêteurs, nous recevons d'elle trois et demi pour cent en échange de l'argent que nous lui confions. Cette inégalité monstrueuse, jointe à l'irresponsabilité dont s'enveloppe le mont-de-piété, excipant du décret de Messidor, a fini par frapper la justice. Le jugement du tribunal — ne reposant, il est vrai, que sur un fait matériel — indique toutefois une réelle tendance à réagir contre les odieux abus du mont-de-piété.

On se souvient ou l'on ne se souvient pas que, durant une de ces dernières nuits, des voleurs dévalisèrent la boutique d'un M. Havard, joaillier, rue des Saussaies. Le matin, en ouvrant le magasin, le pauvre marchand trouva sa vitrine vide et put lire sur sa porte cette inscription railleuse, due à la craie des goguenards malfaiteurs : « Cherche maintenant le numéro de tes montres et la couleur de tes boucles d'oreilles. » Après s'être arraché le plus de cheveux qu'il put, M. Havard courut chez le commissaire d'en face. La justice mit tout en œuvre et, conformément à des us invétérés, ne découvrit absolument rien. Interrogé, le mont-de-piété déclara, le front dédaigneux, qu'il ignorait le premier mot du vol.

Entre temps, Mme Havard remarqua à la devanture d'un brocanteur quelques-uns des bijoux dérobés. Elle entra, s'informa de la provenance de ces bijoux et démêla aisément les fils de la trame.

Elle apprit qu'un certain Vachet avait vendu au brocanteur des reconnaissances du mont-de-piété. Le brocanteur, dont la bonne foi ne put être un seul instant mise en doute, était tranquillement allé au mont-de-piété et avait dégagé les bijoux en toute conscience, heureux de tomber sur une bonne affaire. Vachet fut arrêté. Par le plus grand des hasards, le jury ne le déclara pas « alcoolisé. » On le condamna bellement à vingt ans de bagne.

M. Havard entreprit alors une campagne aventureuse contre le mont-de-piété. Il se dit, en sa grosse jugeotte, ce joaillier ignorant des subtilités de la loi, que le mont-de-piété était doublement fautif, en ce sens qu'il avait acheté légèrement d'un voleur et ne se rappelait même plus cette trop fantaisiste transaction. Il forma une demande en dix mille francs de dommages-intérêts et réclama, de plus, le droit de retirer du greffe les bijoux engagés au mont-de-piété. Tout d'abord, on crut à la lutte du pot de terre contre le pot de fer. Carraby, l'avocat de M. Havard, ne désespéra point cependant et, avec la verve qu'on sait, prit carrément le mont-de-piété en faute. Il a prouvé qu'on n'avait pas demandé à Vachet une garantie suffisante de son identité. Il y avait 35,000 francs de bijoux. Et l'affreux prêteur sur gage s'était contenté — mont-de-piété inattaquable qu'il croyait être — d'un simple permis de séjour délivré par la préfecture de police !

Le tribunal de la Seine, qui, au fond, n'en demandait pas tant, a saisi la balle au bond et a fait droit, dans une large mesure, aux conclusions du demandeur.

Il a déclaré que la demande de M. Havard était de tout point justifiée.

Il a estimé que, si l'article 70 du décret du 8 thermidor an XIII soustrait le mont-de-piété à l'application de l'article 2279, § 2 du Code civil, c'est en exceptant le cas de fraude, dol ou négligence de l'exécution de l'article 47 dudit décret et des règlements.

Or, les dépôts faits par Vachet ont été accueillis sur la production d'un permis de séjour délivré par la préfecture de police, et ce permis excluait par lui-même chez le déposant la qualité de domicilié. La production d'une pièce de ce genre devait donc éveiller la défiance de l'administration et la détourner de recevoir les dépôts qui lui étaient apportés.

D'autre part, le jugement constate qu'aux termes du règlement du mont-de-piété, « si les objets présentés pour nantissement sont des marchandises ou objets de commerce, on doit exiger la présentation d'une patente en règle, et que cette prescription n'a pas été observée à l'égard de Vachet. »

Dans ces conditions, le tribunal a déclaré que l'administration du mont-de-piété avait encouru l'application des articles 1382 et 1383 du Code civil, et il l'a condamnée à restituer à M. Havard, sans aucun remboursement de sa part, les bijoux à lui appartenant dont elle est encore nantie.

Le tribunal l'a en outre condamnée à payer à M. Havard 5,000 francs de dommages-intérêts et en tous les dépens.

Je le répète, le tribunal n'a statué et ne pouvait statuer que sur un fait matériel. J'admire comme il s'est hâté d'user de son droit d'appréciation. Cela est d'un bon indice. Le juge a eu évidemment à cœur de battre en brèche les exorbitantes prérogatives du mont-de-piété. C'est maintenant affaire à nos législateurs de confirmer l'œuvre. Un remaniement des lois et règlements qui régissent le mont-de-piété s'impose, au nom du sens commun. Il n'est pas seulement question ici du décret de Thermidor, qui semble offrir une prime au vol; il est aussi question des bases mêmes de ce prêt follement usuraire, autorisé par une philanthropie mal entendue. — Quant à moi — souvenirs d'étudiant et réclamations de *boni* à part — je ne serais point fâché qu'on portât un coup net à ce mont-de-piété vieillot qui affiche un droit extravagant à l'irresponsabilité et qui ne prête aux besoigneux que moyennant un « bedit gommission » dont rougirait le plus vulgaire marchand de *bons lorgnettes !*

UNE VENTE D'ENFANT

uisque, grâce à l'ardente initiative de Dumas, la femme est plus que jamais à l'ordre du jour, je me voudrais mal de mort de laisser passer ce procès, sans en dire mon mot. Je ne veux pas réimprimer le nom des personnages qui y ont figuré. Une femme a senti, durant neuf mois, je ne sais quoi de vague et de tumultueux s'agiter dans ses entrailles. Elle a eu des pâleurs et des pâmoisons inattendues, mystérieux avant-coureurs de l'enfantement. Puis, en une heure d'angoisse, elle a mis au monde un affreux petit singe. Vous savez si on les adore, ces affreux petits singes-là. Ça n'a ni cheveux ni dents ; ça agite dans le vide des pieds et des mains à l'état embryonnaire ; ça crie cependant, pour montrer, comme dit le Faust de Marlow, que ça commence à souffrir de cet horrible mal qui s'appelle la vie. On embrasse d'ordinaire cette masse informe et sale avec des baisers pleins

d'ineffable amour. C'est une révélation d'en haut. Dumas affirme, dans les *Idées de Mme Aubray*, qu'il y a eu des courtisanes ramenées au sentiment de l'honnête par le vagissement aigu du nouveau-né. Sceptique comme on ne l'est pas, je donnerais une somme appréciable pour assister à une de ces phénoménales rédemptions.

Or, une femme s'est rencontrée qui, froidement, par un contrat synallagmatique bien et dûment en règle, enregistré sans doute, a *vendu* ce sang de son sang, cette chair de sa chair, à une étrangère qui, d'aventure, passait par là. Je n'invente rien, encore un coup, et je tiens à la disposition des incrédules le numéro de la *Gazette des Tribunaux* qui m'est tombé sous les yeux. On y trouvera tout au long ce drame invraisemblable. La mère a vendu son enfant comme un épicier vend une livre de chandelle. Préoccupée peut-être de certains grands problèmes politiques et sociaux, conformément aux prescriptions du docteur Fabre, et du docteur Dumas, cette ravissante politicienne s'est débarrassée de cette charge. Au prix où sont les bas de soie, le beurre et les faux cheveux, un enfant est une gêne. La mère a lâché l'enfant contre espèces trébuchantes. Rien n'est plus naturel.

Je cherche les excuses qu'a pu se donner à elle-même cette créature dénaturée. A dire le vrai, je n'en vois pas. Il est toujours facile d'invoquer la misère. La misère existe — relative —

à tous les degrés de l'échelle sociale. On m'objectera, et je suis loin d'y contredire, que le sort des femmes est mal réglé dans nos mœurs actuelles. N'y a-t-il pas de braves ouvrières, aux doigts crevassés d'engelures, qui travaillent du matin jusqu'au soir pour élever les mioches? S'il suffisait de dire : « Je suis pauvre », pour avoir le droit de vendre le petit être que l'on a conçu et enfanté, ce serait un peu bien commode ! Non. Et quelque respect que je me sente pour ce sexe appelé un jour à nous gouverner et auquel nous devons Mme de Grandfort, je me vois obligé de confesser que cette mère est une joyeuse misérable.

J'ai vu un jour, devant la septième chambre correctionnelle, une scène atroce. M. Salmon, mort ces jours-ci conseiller à la cour, présidait. On m'excusera, j'en suis sûr, de retracer en quelques lignes ce procès hideux. Une fille était au banc des accusés. *Insoumise*, pour parler la langue du lieu, elle avait été appréhendée au coin d'une rue sombre, par des agents des mœurs, au moment où elle murmurait je ne sais quelles provocations banales à l'oreille d'un passant. Furieuse, elle avait injurié les agents. Elle les avait même frappés, je crois. Elle était là, tête basse, assez belle sous des haillons, avec un tremblement dans tout le haut du corps.

Ce M. Salmon n'était point un doux homme, juste ciel! Il effrayait les prévenus. Même il effrayait quelque peu les stagiaires, si j'ai bonne mémoire. Après les questions d'usage, il dit brutalement à la fille : « Pourquoi faites-vous ce métier-là ? Je dois reconnaître que les renseignements pris sur vous ne sont pas mauvais. Vous n'avez pas de *souteneur*. A la différence de vos pareilles, vous ne vous enivrez point. Vous devriez entrer dans un atelier. — A l'atelier, répliqua-t-elle, j'y suis allée. On ne me donnait que trente sous par jour. — Trente sous, c'est peu ! A la rigueur, une femme peut vivre avec trente sous et n'a pas besoin... » Ici la fille parut avaler sa salive avec difficulté. Elle leva soudainement la tête, jeta au président un regard noir et l'interrompit : « *Je n'ai pas que moi.* Il y a le *gosse* qui est en pension aux Batignolles. » Ici, les trois jurisprudents tressaillirent. D'une voix moins dure que de coutume, M. Salmon, la main forcée par le code, condamna la fille à quelques jours de prison et suspendit l'audience. Dix minutes après, l'huissier remettait à la malheureuse, près de retourner à Saint-Lazare, cinq ou six pièces d'or de la part du tribunal.

Eh bien ! en mon âme et conscience, cette prostituée du ruisseau — que j'ai vue entre deux gendarmes — valait mieux que la mère maudite de la *Gazette des Tribunaux*. Lorsque l'altière Madeleine s'avança au devant du Christ, des fleurs aux cheveux et la raillerie aux lèvres, et que, frappée tout à coup d'une respectueuse admiration, elle tomba à genoux et n'eut plus que la force de sangloter sur les pieds souillés de poussière de Jésus, Jésus la releva avec bonté et lui imprima au front un chaste baiser de paix. Il eût tendu ses deux mains, le Nazaréen attendri, à l'accusée de la septième chambre. Elle se vendait, celle-là. Du moins, elle n'avait pas vendu son enfant.

Les faits sur lesquels a eu à statuer le tribunal sont réellement odieux. Cette mère monstrueuse avait organisé un système de chantage qui prouve à quel point les femmes savent perfectionner tout ce qu'elles touchent. La mère d'adoption éprouvait une affection sans bornes pour l'enfant qu'elle avait fait sien et auquel elle prodiguait depuis longtemps — ainsi qu'il a été démontré aux débats — les soins les plus tendres. Lui, l'enfant, ne connaissait pas d'autre mère. Il s'était formé entre ces deux êtres un lien qui semblait indissoluble. C'est sur cet amour partagé que la vendeuse, qui me semble être une « électrice » absolument dépourvue des préjugés les plus vulgaires, avait fondé un plan tout à la fois simple et ingénieux. Elle s'était fait donner, à diverses reprises, d'assez grosses sommes d'argent.

Un beau jour, la bienfaitrice refusa. Avec un rare esprit d'à-propos, la mère éleva des doutes sur la validité du contrat par lequel elle avait livré son enfant. Elle insinua qu'elle avait grande envie de demander au tribunal un avis motivé sur les scrupules — un peu tardifs, il est vrai — dont était assiégée sa conscience. La bienfaitrice prit peur et délia encore les cordons de sa bourse. La même scène se renouvela plus d'une fois. Elle se renouvela tant et si bien que, de guerre lasse, la bienfaitrice se décida à subir le procès dont on la menaçait sans cesse. Donc, il est venu un vilain jour, ce procès. Il s'est passé là *une scène des deux mères* (vous souvenez-vous de Marie Laurent et de Lucie Mabire?) que n'avait pas prévue feu Victor Séjour. J'aurais voulu que le tribunal permît à Mme Laurent de plaider le procès. Quels éloquents sanglots !

Mme Laurent se serait levée, frémissante et superbe. De cette voix parfois pleine de trous dont elle a su se faire l'organe le plus dramatique qu'il y ait, elle eût puissamment remué les juges. Elle aurait dit que, sans famille, isolée dans la vie, se sentant au cœur un invincible besoin de tendresse, elle s'était consacrée tout entière à ce bébé qui, dès son enfance, semblait marqué pour le malheur. Elle est devenue la mère, la vraie mère, la seule. L'autre, la femme sans entrailles qui, entre deux conférences sur le droit au vote, fait gaillardement la traite des nouveaux nés, n'a pas le droit de prendre la parole. Elle n'est et ne doit être rien.

« Je ne connais pas vos lois, se serait écriée Mme Laurent (je l'entends d'ici), et je ne veux pas les connaître. Je sais que, depuis ses premiers bégaiements, cet enfant est à moi et non à une autre. C'est moi qui ai passé des nuits auprès de son berceau. C'est moi qui ai souri de ses sourires et pleuré de ses larmes. Prouvez-lui donc, à lui, que je ne suis pas sa mère. Qu'il décide ! Quant à cette abominable créature, je l'ai payée. Je lui ai donné tout l'argent que je pouvais. Je n'ai plus d'argent, messieurs. Laissez-moi mon fils. Si ce n'est pas l'enfant de mon ventre, c'est bien l'enfant de mon cœur. Il n'est pas possible que vous me l'enleviez ! »

Ah ! Lachaud ! Grand Lachaud, qui m'as si souvent remué jusqu'aux sources intimes de la vie, quel piètre avocat tu eusses fait auprès de cette mère-là !

En l'absence de Salomon, décédé, le tribunal ne savait trop quoi résoudre. Certes, il avait rarement eu à se prononcer sur un cas plus délicat. Il a fallu cependant que les juges imposassent silence à leur émotion. Ils ont dû appliquer la loi. Ce contrat est de ceux que le Code civil veut qu'on brise comme verre. L'enfant a été rendu à l'intéressante dame qui lui a donné le jour. Mais, lui, l'enfant vendu ! Un jour viendra où il se fera juge à son tour. Il est tout probable qu'il cassera la décision du tribunal, de son propre chef et de la façon la plus délibérée du monde. Ma foi, en ma simplicité, j'imagine que les magistrats eux-mêmes n'en seront pas fâchés outre mesure. L'enfant — devenu homme — plantera là tout net sa mère par le sang et s'ira jeter dans les bras de sa mère d'adoption, sans l'ombre d'un respect pour les conclusions déduites logiquement de M. l'avocat de la République.

Mon petit ami, vous êtes à un âge où on aime les histoires. Ouvrez bien vos oreilles. Je vous en veux conter une. Bien qu'elle soit fort connue, il est certain que vous l'ignorez encore. Je gage qu'elle vous intéressera. Il y avait une fois une méchante femme, qui se nommait Mme de Tencin. C'était une grande dame, fort riche, et reçue à merveille dans le beau monde de son temps. Elle eut un fils et, tout de même que votre maman, n'hésita pas à se séparer de lui. L'enfant fut recueilli par une vitrière, qui se prit à l'aimer de toutes ses forces. Il grandit et devint un écrivain distingué, connu, célèbre même. Il s'appelait d'Alembert.

Mme de Tencin, se souvint alors de son fils. Elle l'alla trouver. La vitrière avait le cœur gros, comme vous sentez bien, en croyant que d'Alembert se préparait à quitter le modeste entresol, situé au-dessus de la boutique, où s'étaient écoulées ses premières années. Mme de Tencin parla et pleura beaucoup. Vous saurez plus tard, mon enfant, que les femmes parlent et pleurent très facilement. D'Alembert la regardait d'un œil sec. Quand Mme de Tencin eut fini, il s'approcha de la pauvre vitrière, qui était toute pâle et toute tremblante. Il prit la chère femme à bras le corps,

l'embrassa à l'étouffer et lui dit ce mot, — le plus adorable, mon petit ami, que puissent prononcer des lèvres d'homme: — « Mère ! » — Puis, comme il avait été très bien élevé par la vitrière, qui était bonne, bonne comme tout, il reconduisit poliment Mme de Tencin sur le palier et s'inclina :
« J'ai l'honneur de vous saluer, madame la marquise ! »

Lorsque vous aurez vingt ans, mon mignon, relisez cette histoire. N'allez pas consulter Dumas — s'il vit encore, ainsi que je l'espère. Cet admirable manieur de phrases est hanté de turlutaines et vous ferait une théorie de l'autre monde. Mettez tout bêtement la main sur votre cœur et interrogez-le. Je suis sûr qu'il vous répondra bien.

LES PETITS MARTYRS

Borel Petrus, le farouche lycanthrope, qui pourrait bien n'avoir été au fond qu'un aimable farceur, prenait délibérément son parti de toutes les inclémences d'ici-bas grâce à « l'adultère, à l'absinthe et au *papel espanol por cigarettas* ». Je ne nie point l'agrément de ces distractions diverses. Voler la femme des autres, absorber le poison vert et s'abêtir de nicotine ! Il faudrait être ennemi du plus vulgaire romantisme pour ne pas comprendre que ces trois jeux constituent le vrai charme de la vie. — Au risque de faire tressauter l'ombre du bon Petrus, fantaisiste effréné qui mourut dans la peau d'un doux bourgeois, je me permettrai de ne pas partager cette opinion extravagante. C'est une affaire de goût. Il est clair que ce n'est pas nous qui avons demandé à sortir du néant et que, pour parler la langue désespérée de Lamartine, nous n'avons rien fait au ciel pour mériter de naître. Spiritualisme à part, on dirait que nous subissons le châtiment de je ne sais quel crime ignoré. Ce n'est pas par partie de plaisir que nous traînons nos guêtres dans cette vallée de larmes, de misères et de scrutin de liste. Il est, néanmoins, des consolations. La plus grande, la plus noble, la seule peut-être (pardon, Petrus !), c'est l'enfant. Sans l'enfant et les adorables douceurs qui émanent de lui, je ne comprendrais décidément rien à la fumisterie sans nom que nous a faite le Très-Haut en nous jetant sur cette ridicule planète.

Il y a des jours, vous allez ne pas me croire, où je regrette véhémentement de n'avoir pas le génie de Hugo. Chaque fois que Hugo a touché à l'enfant, il s'est élevé à de telles hauteurs que le profane ne l'y peut suivre sans un vertige réel. L'enfant est la chose sacrée. Eh bien ! l'enfant traverse en ce moment-ci une période atroce. On le meurtrit, on le déchire, on le tue. Il n'est pas un écho de cour d'assises ou de police correctionnelle qui ne nous apporte un gémissement ou un râle de bébé. C'est la série des petits martyrs. Ce sont parfois les parents, des tigres à face humaine, qui torturent avec d'incroyables raffinements ces pauvres êtres. Le père et la mère rivalisent d'ardeur. Penchés sous la lampe fidèle, le soir, ils s'ingénient à trouver un tourment nouveau et un supplice inédit. Parfois, les voisins s'indignent et avisent le commissaire. Des agents font une descente et appréhendent les bandits. Après quoi, la chose regarde les juges. Hélas ! il faut bien le reconnaître, la répression est le plus souvent illusoire. Est-ce une lacune du texte ou une interprétation inexplicablement bienveillante de ce même texte? Je l'ignore. Toujours est-il que les peines prononcées ces temps-ci ont soulevé un *tolle* général. La foule a de ces élans à la fois généreux et justes, alors même que la manifestation en est excessive. Il y a eu des huées dans plus d'un prétoire, quand on a vu condamner à quelques mois de prison des monstres qui méritaient la guillotine — et la guillotine mal graissée !

Je ne veux pas trop insister sur les détails de ces procès. Ces détails-là font horreur. La France est le dernier pays où l'on ait conservé l'ignoble habitude de battre les enfants. Battre un enfant est un procédé odieux. Mais, entre battre un enfant et le soumettre à la question, il y a un monde. Or, s'il faut s'en rapporter au compte-rendu que nous avons tous eu sous les yeux, il se rencontre à chaque pas des parents, des nourrices et des bonnes qui infligent littéralement la question aux bébés. On les frappe jusqu'à ce que le sang jaillisse de toutes parts ; on leur jette des morceaux de charogne en guise de nourriture ; on les attache nus et grelottants au pied du lit ; on les réveille, après la première heure de leur sommeil, en les *piquant avec de longues épingles*;

Je passe. Avouons que, si nous avons été créés à l'image de Dieu, c'est un fier animal que Dieu ! La semaine dernière, des magistrats impartiaux, qui me flanqueraient un an de Sainte-Pélagie sans broncher, si j'essayais en vingt lignes d' « ébranler la société sur ses bases », ont benoîtement octroyé quatre mois de prison à une vieille canaille, d'ailleurs pleine d'imagination, qui s'était livrée sur un enfant de trois ans à des violences que ma plume se refuse à décrire. Les petits martyrs ne sont pas protégés.

Le dernier de ces hideux procès vient de se dérouler devant le jury de la Charente-Inférieure, — un jury gentil tout plein, je vous en réponds. On sait que le capitaine d'un bâtiment est une manière de souverain et, comme disent encore les *connaissements*, « maître après Dieu » à son bord. Il est tout naturel qu'un capitaine, seul contre son équipage, entre le ciel et la mer, soit muni de pleins pouvoirs. En cas de révolte, il ne peut guère, d'habitude, compter que sur son second, à moins que ce ne soit ce second lui-même qui, nourri de la forte littérature de M. de la Landelle, n'ait fomenté et organisé la révolte. Je ne me dissimule donc pas que la situation d'un capitaine de bâtiment est souvent difficile. Il lui arrive d'être obligé de jouer du revolver et de tuer un récalcitrant. Revenu à son port d'attache, il rend compte de ses actes devant un conseil d'enquête et est acquitté. Il n'est pas rare que le président du conseil lui adresse des félicitations et le remercie d'avoir énergiquement maintenu les vieilles traditions de la discipline. Rien de mieux.

Mais voyez si nous sommes ici « dans cette espèce ». Le capitaine Baudry, commandant le *Georges-Henri*, avait engagé un petit Breton, nommé Anezzo, comme mousse. L'enfant, qui n'avait jamais navigué, ignorait le service de mer et les premiers éléments de la manœuvre. Irrité de la mauvaise acquisition qu'il avait faite, Baudry prit le mousse en haine. Il lui ouvrait la chair à coups de cravache, le traînait par les cheveux, lui ensanglantait la face avec le poing, lui arrachait ses vêtements et l'inondait d'eau glacée. Une fois, il le laissa trente-six heures sans manger. Une autre fois, il le plaça pieds nus sur le roufle de la dunette, tenant une barre de guindeau. Quand le malheureux mousse, secoué par le roulis, perdait l'équilibre et tombait sur le pont, le capitaine saisissait la barre et frappait l'enfant à lui faire péter la peau. Ah! gredin! si je t'avais tenu!

Muets d'horreur, les matelots n'osaient rien dire. L'un d'eux avait été mis aux fers pour avoir donné un jour un morceau de pain à Anezzo. Cependant, un soir que Baudry, ivre de genièvre, avait à moitié assommé l'enfant, deux matelots se jetèrent sur lui et l'enfermèrent dans sa cabine. Il est des heures où l'insurrection est le premier des devoirs. A ce moment-là, on était à l'ancre devant Ars-en-Ré, dans l'île de Ré. On porta le pauvre petit Anezzo à l'hôpital. On l'entoura de soins. Peine inutile ! Le cher petit martyr mourut sans proférer une plainte, mais en souffrant beaucoup et en versant de grosses larmes, de ces larmes silencieuses et impuissantes d'enfant qui attendriraient une hyène. La brute lui avait défoncé la poitrine d'un suprême coup de botte !

Cet immonde assassin a comparu devant les jurés de la Charente Inférieure. Les jurés de la Charente-Inférieure LUI ONT ACCORDÉ DES CIRCONSTANCES ATTÉNUANTES. La cour, les mains liées par ce verdict devant lequel je m'incline, tout en l'estimant une pure honte pour ceux qui l'ont prononcé, a condamné cette bête féroce à SIX ANS DE RÉCLUSION. Les journaux prennent soin d'annoncer que ce résultat est dû au « brillant plaidoyer » de Mᵉ Laverny. Ah ! monsieur Laverny, comme vous devez regretter, dans un tout petit coin de vous-même, si vous êtes père de famille surtout, d'avoir eu la fâcheuse idée d'être brillant !

Je laisse de côté ce verdict, me bornant à souhaiter aux douze jurés qui l'ont rendu de ne pas voir, dans des nuits hantées de cauchemars, le spectre invengé du petit Anezzo les venir tirer par les pieds. Aussi bien, ils doivent être calmes. Il est certain que ces gens-là n'ont pas d'enfants. Dans six ans, l'intrépide commandant Baudry pourra recommencer ses agréables exercices, si le cœur lui en dit. N'en parlons plus. Il importe pourtant de faire remarquer que la partie n'est point égale. Lorsqu'un matelot frappe le plus légèrement du monde son capitaine, il est condamné à mort et exécuté avec un cérémonial particulier. On convoque le ban et l'arrière-ban des « mathurins » qui ont séjour dans la ville où se tient le conseil de guerre. L'homme passe entre deux haies de soldats, avec un front livide, des yeux hagards et des genoux qui flageolent. On le colle au poteau. Un vieux prêtre lui murmure à l'oreille quelques mots qu'il n'entend pas. Après quoi, dix camarades lui envoient des balles dans le ventre. C'est juste, absolument juste. La discipline ne peut être achetée qu'à ce terrible prix. Mais alors écorchez-moi vif ce Baudry, ce tueur d'enfants, ce tortionnaire ! Ou votre justice humaine n'est qu'une immense blague !

En résumé, il est profondément douloureux, qu'il s'agisse de parents, de nourrice et de capitaine de navire, de voir combien peu les enfants sont défendus contre les hommes. Admirons, justiciables mes frères, sans essayer même de les comprendre, les impénétrables décrets des magistrats. La liste des petits martyrs va tous les jours grossissant. On jurerait d'une épidémie. La loi des douze tables ne parlait point du parricide, jugeant le forfait si abominable qu'il ne devait pas même être prévu. Notre loi, à nous, a bien prévu l'infanticide et a même écrit le mot *mort* à côté du crime. Mais, dans la pratique, il en va tout autrement. Torturer un enfant — sans l'achever — vaut six mois d'emprisonnement. Le tuer — après lui avoir fait subir une longue et effroyable agonie — vaut six ans de réclusion. En vérité, ce serait grand dommage que de se gêner pour si peu ! Les faiseuses d'anges et les faiseurs de petits martyrs opèrent sous le regard bienveillant de la magistrature et du jury. Pour une jolie société, voilà une jolie société !

UNE LACUNE

A mode est de tous les mondes. Il faut reconnaître que messieurs les assassins se soumettent à ses lois avec une parfaite bonne grâce. Lorsque Mme Lafarge crut devoir, pour des motifs qu'elle s'est obstinée à tenir secrets, se débarrasser par le poison de son inoffensif époux, elle trouva de nombreuses imitatrices. Une foule de jeunes femmes, dont l'âme assoiffée d'infini ne pouvait se plier aux vulgarités de la vie conjugale, inondèrent d'arsenic les aliments de leurs maris. Cette façon bizarre de préparer le repas du soir, évidemment contraire aux sages prescriptions de la *Cuisinière bourgeoise*, amena à cette époque devant toutes les cours d'assises du royaume une foule de dames incomprises. Ce fut comme un défilé d'empoisonneuses. Porter des robes à taille longue et des manches à gigot, aller aux « Bouffons » et flanquer la colique définitive à son mari : tel était alors le bel air.

Plus près de nous, quand Billoir sépara par parties égales, à l'aide d'une hachette, le corps d'une maîtresse qui avait cessé de lui plaire, il y eut comme un cri d'admiration dans la gent assassine. Cette innovation hardie, presque téméraire, reçut l'accueil le plus flatteur. Le télégraphe nous apprit alors que la province jalouse de se montrer à la hauteur de la capitale, avait produit coup sur coup plusieurs émules de Billoir. En ce moment ce sont les vitrioleuses, qui tiennent la corde. Néanmoins, je crois que Moyaux, ce Moyaux que vous n'avez pas oublié, et qui avait sur, *l'art d'être grand-père*, des idées tout à fait originales, a fait des disciples, lui aussi. Il eût été fâcheux que cet audacieux initiateur eût emporté avec lui le secret de son école.

Vous avez lu ces jours-ci cette atroce aventure. Un homme, tenant à la main ses deux petits enfants, traversait un pont. Après avoir jeté autour de lui un coup d'œil rapide, il allait lancer un de ses enfants dans le fleuve, quand un gardien de la paix est accouru. Il y a eu une lutte terrible. Les petits êtres criaient et pleuraient. Le père — le père! — voulait à toutes forces accomplir son projet effroyable. La foule s'amassa et arracha les enfants des mains de ce bandit. Lui, avouons-le, a été loyal. Il a confessé avec une rude franchise que, ayant été condamné à deux mois de prison, il voulait tuer ses enfants « pour apprendre aux juges. »

Le commissaire de police, un peu stupéfait de cette manière réellement neuve de donner une leçon à la magistrature, insista et chercha à obtenir d'autres réponses. Peine perdue! L'homme se renferma dans un silence farouche. Puis, laissant tomber tout à coup sa tête sur sa poitrine, il éclata en sanglots. On me dit que les médecins aliénistes vont le visiter. Espérons que nous ne nous trouvons pas encore en face d'une bête féroce. Dieu veuille, pour l'honneur de l'humanité, que ce misérable soit fou!

Il y a là matière à réflexions, toutefois. Je ne sais quels sont les antécédents de ce père éminemment fantaisiste et j'ignore pour quelle cause il a été condamné à deux mois de prison. Cela m'intéresse peu. Je suis prêt à déclarer que les magistrats ont prononcé la plus juste décision du monde et que même ils se sont montrés un peu indulgents. La question n'est pas là. Je me livre à l'hypothèse fort admissible que voici : un homme a été condamné. Quelques jours après le jugement, deux agents de la sûreté, munis d'un mandat parfaitement en règle, se présentent à son domicile et l'appréhendent au corps. Cet homme est dans sa chambre avec deux petits enfants. Il vit comme un loup, sombre, inconnu des voisins, travaillant, et ne sortant que pour aller porter l'ouvrage ou chercher le pain et la charcuterie des repas. Il est de ces existences-là, mes belles dames. Un jour, il commet un délit, cet homme.

La société est là qui veille. La société le condamne à quelques jours ou à quelques mois de prison. C'est le droit. Eh bien ! et les enfants ?

Je suppose que le père dénaturé dont je viens de conter l'abominable tentative ait le cerveau absolument sain ; que le gardien de la paix, qu'empêchent de dormir les lauriers des carabiniers légendaires, soit arrivé trop tard ; que les deux pauvres enfants aient été jetés à l'eau ; enfin, que l'assassin passe en cour d'assises. Je vois la scène d'ici. La salle est pleine comme à une première représentation ; on s'est arraché les billets de faveur ; les dames, toujours avides d'émotions, sont en majorité : c'est une belle chambrée. M. l'avocat général se lève, les témoins entendus. Il tousse, agite sa main pour en faire descendre le sang et commence un réquisitoire dans lequel dominent les épithètes à panache. On écoute, on frémit. M. l'avocat général a un succès. Sa mère est bien heureuse !

Au moment où le défenseur va prendre la parole, l'accusé se dresse et s'écrie d'une voix rauque : « Je vas vous conter mon affaire en deux mots, moi. Oui, j'ai tué mes enfants. Ça n'était pas *pour apprendre aux juges,* comme je l'ai dit. La vérité, la voici. Ces messieurs de la huitième m'avaient condamné à deux mois de prison. Je savais qu'on devait venir m'arrêter. — J'ai songé aux enfants. — J'ai un caractère mal bâti et je ne connais personne. Les voisins que je rencontre sur le palier me traitent dans les prix d'un chien galeux. Qu'allaient devenir les petits ? Mourir de faim ! Cette idée-là m'a donné un coup. Je sais ce que c'est que la faim, messieurs. Je vous jure que c'est une sale chose. Alors, j'ai pris les enfants par la main et j'ai été les jeter à la rivière. On m'a dit que ce n'était pas dur, cette mort-là. Il y a de l'eau qui vous entre dans le nez, dans les yeux, dans la bouche, dans les oreilles. On perd connaissance tout de suite. Je suis bien sûr que les petits n'ont pas souffert. Et, maintenant, coupez-moi le cou, — que j'aille les rejoindre ! »

Je voudrais voir la figure des jurés en entendant ce sauvage parler ainsi. Encore une fois, il est tout probable que le père en question, qui voulait tuer ses enfants « pour apprendre aux juges », est purement un fou. Ma supposition n'en demeure pas moins entière. Il y a là une lacune évidente qu'il importe de combler. Je ne veux pas pousser les choses au noir et conviens aisément que, dans la réalité, il arrive presque toujours qu'une voisine charitable se charge des enfants pendant la détention du père. Mais il est possible, après tout, que cela ne soit point. Or, qui ne sent bondir son cœur en pensant aux pauvres petits chéris qui vont souffrir — mourir peut-être — d'une faute qu'ils n'ont pas commise ?

Je ne demande pas que la société fasse des

rentes aux familles des condamnés, à coup sûr, mais j'estime que, en plus d'une occasion, elle doit venir en aide aux êtres qui ne sont pas en cause. La justice ne doit pas les frapper, même involontairement ou indirectement. Qui de vous ne se souvient de cette horrible scène des *Mystères de Paris* où Morel le lapidaire est empoigné par des recors et laisse dans son bouge une mère folle, une femme qui se débat dans les suprêmes convulsions de la phtisie galopante, trois bébés. Vous connaissez le procédé d'Eugène Sue, grossier, brutal, à la diable. Cela est fait à coup de hache, cela est écrit en langue kroumir et cela remue jusqu'au fond des entrailles. Pourquoi? Par cette raison simple que cela est profondément vrai.

Un homme a commis une faute et l'expie. Il ne faut pas que, l'expiation subie, cet homme trouve son foyer désert. La vieille mère qui gît sur un grabat, les petits enfants qui ne savent pas encore faire œuvre de leurs dix doigts pour gagner le pain du jour, ne doivent pas mourir de faim pendant la détention du condamné. Il y a évidemment là quelque chose qui choque violemment la conscience humaine! Peut-être me fera-t-on l'honneur de m'accorder que je me défie des attendrissements faciles, si fort à la mode aujourd'hui. Les coupables trouvent des apologistes sans nombre ; il semble que les victimes seules ne soient pas à plaindre. Ce n'est pas aux coupables que va ma pitié. Un homme a failli. La justice lui inflige le châtiment qu'il a mérité ; rien de plus rationnel. Mais inquiétons-nous des abandonnés qui, eux, ne sont point coupables. Le mal est là. Où est le remède? C'est affaire au législateur qui s'est arrogé la mission de punir. Fondez des hospices, des crèches, des asiles, est-ce que je sais, moi? En tout cas, il est des choses qui ne doivent pas arriver. Il ne faut pas que le châtiment s'égare — par contre-coup — sur des têtes innocentes. A cette condition, mais à cette condition seulement, la justice des hommes aura le droit de se montrer impitoyable.

LE PROJET DE LOI DE M. FARCY

Il est à peu près impossible de ne pas parler, même après que ce triste sujet a été tourné et retourné dans tous les sens, de l'effroyable catastrophe de cette semaine : l'incendie des magasins du *Printemps*. Tout Paris est allé voir cette grande maison aux fenêtres béantes comme des trous de volcan, aux murs noircis, lézardés et qu'on dirait demeurés debout par miracle. C'est la ruine dans son horreur. Spectacle d'autant plus lugubre que cet immense ravage, qui a des airs de spectre, se dresse en plein quartier opulent, remuant et joyeux. « C'était une haute muraille isolée, tenue en équilibre on ne sait comment, envahie par la mousse, spongieuse et d'aspect si désolé qu'on eût juré qu'elle pleurait. » Tel le *Printemps*, si animé et si gai il y a huit jours. Les trois lignes de Beyle, peignant un pan de monastère des environs de Parme, s'appliquent avec une rare exactitude à ce fantôme de maison.

Bien des questions ont été soulevées autour de ce sinistre fait divers. Tout d'abord, on s'est indigné des piètres moyens dont dispose, dans une ville comme Paris, le corps des sapeurs-pompiers. On fait remonter la responsabilité de cette incurie honteuse au conseil municipal. Le *National* même, dans un article à la fois très vigoureux et très mesuré, supplie nos édiles de s'occuper un peu moins de forger des constitutions, et un peu plus de sauvegarder la vie et les intérêts de leurs concitoyens. Je suis de ceux qui ont vivement approuvé les réélections du conseil municipal. Il y a là des hommes probes, intelligents et travailleurs. Néanmoins, le *National* m'a paru dire tout haut ce que bien des gens pensent. Au lieu de s'abandonner à la fièvre politiquante, au risque d'une méningite, et de jouer à la Commune — non à la Commune de 71, s'entend, mais à la Commune de l'an II — le conseil municipal ne ferait-il pas mieux de songer tout naïvement aux sapeurs-pompiers?

Nous sommes un peuple d'une routine si crasse et si bête que rien ne nous corrigera. Pour un peu, nous parlerions de notre administration municipale que « le monde nous envie. » Or, lisez et jugez. Paris contient environ deux millions d'habitants, c'est-à-dire une population presque supérieure du double à la population de New-York. A New-York, il y a cinquante-sept pompes à vapeur. Devinez combien il y en a à Paris? QUATRE, et pas une de plus. C'est à confondre la raison. Il y a, à New-York, 3,200 bouches d'eau. Il y en a 920 à Paris. Et notez que, il y a dix-huit mois, je le rappelle à l'éloge du conseil municipal républicain, il n'y en avait que 320. On croit rêver, n'est-ce pas? En Amérique, l'attelage et le départ des pompes à vapeur ne demandent qu'une minute et trois secondes, la dépêche télégraphique reçue. Chez nous, l'attelage et le départ exigent un *minimum* de neuf minutes et demie — et encore, si la Compagnie des Omnibus, qui, depuis l'incompréhensible lésinerie du conseil municipal, a résilié son traité et ne prête plus ses chevaux que par complaisance, veut bien faire preuve de quelque bonne grâce. Cependant, les maisons, les meubles et les hommes ont le temps de flamber comme des bols de punch. Voulez-vous que je vous dise ma façon de penser toute crue? — C'est une honte.

C'est l'ouvrage du colonel Pâris, de l'admirable colonel Pâris, qui me fournit ces renseignements tout ensemble instructifs et odieux. Mais n'ayez doute que nous crions dans le désert. Il se produit, après l'incendie des magasins de M. Jaluzot, le même remous de colère qui s'est produit déjà après l'incendie du *Grand Condé* et l'incendie de l'Opéra. Bientôt le calme se fera. On ne s'inquiètera guère d'un des plus gros problèmes municipaux qui se puissent imaginer. Et les choses continueront d'aller comme elles allaient. Pas très pratique, la grande nation!

Du reste, ce n'est point cette question que je veux traiter. C'est affaire aux hommes spéciaux. M. Farcy, député de la Seine, a déposé, jeudi dernier, sur le bureau de la Chambre, un projet de loi dont la lecture a été accueillie par de chauds applaudissements. Le projet de loi est précédé d'un exposé de motifs d'une réelle élévation et qui vaut qu'on s'en pénètre. Voici la lettre de M. Farcy :

« Messieurs,

» Vous êtes encore sous le coup du douloureux » événement qui nous a affligés hier.

» Malgré les efforts héroïques des pompiers, » de la troupe et de la population, on n'a pu ar- » rêter ce terrible incendie qui vient de plonger » dans la misère près d'un millier d'employés et » de causer la mort d'un grand nombre de per- » sonnes.

» Il appartient aux représentants du pays d'en- » courager le dévouement et l'abnégation de » ceux qui, courant à un péril aussi certain que » celui du champ de bataille, n'hésitent pas à pro- » diguer leur vie pour sauver la vie et la fortune » des autres.

» Si vous ne pouvez éviter la mort à ces cou- » rageux citoyens, vous pouvez tout au moins » sauver de la misère la famille qu'ils laissent » après eux. »

Je ne crois pas qu'il se trouve, dans ce sobre

exposé de motifs, une ligne, un mot, une épithète qu'on en puisse retrancher. C'est la vérité, la vérité vraie, dite simplement par un homme honnête et ému.

Suit l'article unique du projet de loi :

« Tout citoyen français mort en concourant au sauvetage dans un incendie, tout médecin mort dans les hôpitaux en soignant une maladie épidémique, toute personne morte en essayant de sauver la vie à un de ses semblables sera considérée comme MORTE AU CHAMP D'HONNEUR, et laissera à sa veuve et à ses enfants une pension égale à celle du soldat mort sur le champ de bataille, c'est-à-dire le double de la pension ordinaire. »

Tel est ce projet de loi. Je me demande s'il y aura à la Chambre un député, un seul, capable de se lever de son banc pour parler contre une proposition aussi généreuse et aussi sensée. N'en défions pas trop nos honorables, pourtant ; il en est qui manient le paradoxe jusqu'à la férocité !

Nous sommes trop de notre race pour bien comprendre jamais qu'un monsieur fait comme vous et moi d'un chapeau haute forme, d'une jaquette et d'une paire de gants de peau de Suède, puisse être un héros à son heure. Nous le jugeons parfois héros, lorsqu'il va mettre habit bas à Joinville-le-Pont et ferrailler avec un autre personnage — pour la galerie, pour les quatre témoins qui sont là et en vue du compte-rendu des feuilles à informations. Comme il y a un cliquetis de fer, nous ne rechignons pas trop à prononcer le mot de « bravoure. » Or, il n'échappera à aucun être doué d'un peu de sens commun que c'est là la plus banale et la plus facile bravoure du monde. Le mortel qui n'a pas ce courage enfantin est un mortel bien fâcheusement trahi par ses nerfs. Néanmoins, dès qu'une épée reluit au soleil, nous nous sentons remué au fond de nous. Généralement, les femmes trouvent que c'est « rudement chic. »

Les mêmes femmes, qui font l'opinion en France, et qu'on est toujours sûr de retrouver solides au poste, aussitôt qu'il s'agit d'une sentimentalité fausse et niaise, ne sont pas du tout émues si on leur raconte la mort d'un interne qui a attrapé le choléra au chevet d'un cholérique ou une angine en opérant la trachéotomie. Le brave garçon qui, flânant sur la berge, aperçoit un désespéré qui s'est laissé prendre aux sombres séductions du « flot qui attire », ôte sa redingote prestement, fait une coupe savante et, au péril de sa vie, sauve son semblable, n'est pas non plus un de ces romanesques qui fascinent l'ardente imagination des dames. Je ne parle pas du pompier — du sublime pompier. Elles ne se le représentent volontiers que sous la forme du « pays » de la cuisinière. Or, il y a en nous tant de *féminin* que nous ne sommes point éloignés de partager cette manière de voir. Nous n'admettons pas l'héroïsme sans un panache.

Je citais, il y a longtemps déjà, le merveilleux dévouement du docteur Regnauld — que je connaissais. C'était un homme de quarante ans à peu près, plein de vigueur et de bonté. Il avait une charmante jeune femme, qu'il aimait et dont il était passionnément aimé. Il lui était venu, de plus, deux petits mioches adorables, sa joie, son orgueil, sa force et sa raison d'être dans la vie. Il pratiqua précisément sur un enfant atteint du croup cette opération de la trachéotomie. Rentré chez lui, il se sentit la tête lourde et la respiration difficile. Il comprit, eut gros cœur et se coucha. « Ma chère amie, dit-il à sa femme, sois vaillante. Je suis perdu. Il faut que je prenne mes dispositions pour les bébés et pour toi avant que l'agonie commence. Je n'ai pas de temps à perdre. » Il souffrit cruellement, ce grand dévoué, et mourut — sans une plainte. Encore une fois, je n'invente rien. Il s'appelait Regnauld et habitait rue Blanche. Inconnu au bataillon, n'est-ce pas? ce docteur auprès duquel le chevalier d'Assas me paraît faire triste mine. Inconnu comme tant d'autres héros dont s'enorgueillit légitimement le martyrologe de la médecine !

Quant aux sauveteurs, c'est bien une autre histoire. Ceux-là, pour un rien, on les estimerait ridicules. Pensez donc ! Ces gens qui barbotent et qui, revenus sur la terre ferme, ruissellent comme des arrosoirs. Ça, des héros ! Allons donc ! Vous vous gaussez de nous, sans doute ! Jamais les gravures en taille-douce de l'*Echo des Feuilletons* n'ont reproduit des héros sous cette forme-là. Pas d'uniforme, pas de plume au chapeau, pas de galon, pas de bottes molles — pas de bottes molles surtout ! Rendons cependant cette justice à notre administration municipale : lorsque le sauveteur est assez heureux pour ramener *son noyé* sur la berge, l'administration se fend et lui octroie une prime de quinze francs. On m'affirme même que la prime a été portée récemment à la pièce de vingt francs toute ronde. Il faut le reconnaître, c'est gentil. Sans compter qu'il est l'objet d'une petite mention des reporters à la troisième page des journaux. Mais s'il s'agissait du grand Raoul ou du petit Gontran, tombant sur le pré pour les vilains yeux d'une maquillée d'avant-scène ! tudieu ! quel tintamarre vous entendriez, mes camarades !

J'en reviens aux pompiers, dont la conduite a motivé le projet de loi de M. Farcy. Je les ai vus, l'autre jour. C'est absolument inouï. J'atteste qu'il y avait, au coin du boulevard Haussmann, qu'un cri d'admiration. On était ébloui, suffoqué, littéralement pris à la gorge. Ces soldats civils jouent avec la mort comme avec un hochet. Ils couraient, ainsi que des salamandres, sur des poutres en flammes, dardant le jet de leur lance, insoucieux du danger, presque rebelles aux ordres des chefs, ivres de devoir et de dévouement. De tels spectacles seraient de nature à réconcilier avec l'humanité. L'un d'eux, un enfant de vingt-trois ans, entré au corps il y a quatorze mois, un Breton, est tombé dans la fournaise et a expiré dans d'atroces douleurs. On lui a fait des funérailles romaines. Le colonel Pâris, tout comme le comte de Rysoor s'inclinant devant le cadavre du pauvre sonneur, dans le si beau drame de Sardou, a salué d'un salut suprême cet humble et obscur martyr. Mais M. Farcy a raison : cela ne suffit point.

Faisons donc un instant effort sur nous-mêmes et imposons silence à nos instincts de théâtre. Certes, le courage sur le champ de bataille est un beau courage. Le *pro patrià mori* est la noble devise que nous devons — plus que jamais peut-être — enseigner à ceux qui viennent après nous et qui n'étaient pas même des adolescents à l'heure de l'épouvantable tourmente de 70. Nous ne ferons jamais assez de sacrifices pour les mutilés de nos guerres et les veuves de nos morts ! Mais soyons de sang-froid et n'accordons pas tout à ceux qui ont fait leur devoir dans ces sanglantes mêlées. Songeons aux médecins, aux sauveteurs, aux pompiers, à ces ignorés glorieux qui n'ont d'autre tort que de ne pas périr avec la mise en scène des étendards qui se déploient, des canons qui grondent et des clairons qui sonnent !

Dans les paroles d'adieu que le colonel Pâris a adressées à « son pauvre sapeur », il a évoqué des noms, celui du pompier Bellet entre autres, que nous avons de longue date oubliés et qui mériteraient d'être inscrits sur un livre d'or. Toutes les autorités du gouvernement et de la ville de Paris étaient là. Le colonel les a remerciées. « Nous sommes heureux, a-t-il dit, de voir que la ville de Paris nous aime comme ses enfants. » Eh ! oui, la ville de Paris aime ses pompiers. Elle serait, fichtre ! bien ingrate si elle ne les aimait pas. Le gouvernement non plus ne saurait être indifférent à ces héroïques trépas. Mais cela est de la phraséologie pure. Nous pensons tous avec M. Farcy qu'il faut faire plus et mieux. Les veuves et les enfants de ces victimes doivent être mis à l'abri du besoin. Nous serions indignes de nous-mêmes si nous n'acclamions pas cette proposition généreuse. Il n'y a que les nations dégénérées qui marchandent la reconnaissance publique.

J'irai plus loin. Je voudrais, puisque c'est la mort de l'infortuné Breton qui a déterminé cette explosion de sentiments, que la loi eût, pour cette fois — pour cette fois seulement — pour une toute petite fois — un effet rétroactif. Il doit y avoir, étant donnés les subterfuges légaux, un moyen quelconque de parvenir à cet objectif. Les vieux de là-bas, qui attendaient le retour du robuste gars, sont bien désemparés, j'en jurerais. On n'est guère riche sur la lande bretonne. Assurer les derniers jours des parents de ce véritable héros, c'est là une idée qui me semble de nature à être prise en considération. La réalisation en est-elle possible autrement que par voie de souscriptions privées ? Je l'ignore. Il est vrai que je parle comme si le projet de loi de M. Farcy était d'ores et déjà voté. Quoi qu'il en soit, il n'est personne qui n'applaudisse des deux mains à la louable initiative du député de la Seine. Ce doit être tout à fait un brave homme que M. Farcy.

LA GUERRE

Il est certain que, malgré les rages de sagesse et de prudence qui nous envahissent durant des époques, nous sommes et demeurerons un peuple belliqueux. Au moindre soldat qui passe, nous dressons les oreilles et hennissons — comme le cheval de Job au bruit de la trompette. Il n'est personne, et je parle des plus sceptiques, qui n'ait senti un tic-tac remuer en lui en entendant sur les boulevards l'orchestre de nos régiments, voire de simples pas redoublés. Ainsi, après l'enterrement du général Clinchant, quand sont revenus les petits chasseurs de Vincennes, sanglés dans leurs uniformes sombres, alertes et filant une foule de nœuds à l'heure, d'unanimes applaudissements ont retenti au coin de la rue de la Paix et du boulevard des Capucines. Pourquoi? Nul ne le savait, à coup sûr. La vue de ces enfants vifs et nerveux, des officiers qui couraient le sabre à la main et des fusils luisants sous un pâle rayon de soleil, avait suffi pour déterminer un enthousiasme assez intempestif. Le vieux sang de Gaule n'avait fait qu'un tour.

On nous tiendra les plus beaux discours du monde ; on nous parlera des nations qui se relèvent par le labeur et la patience ; on nous citera, l'histoire à la main, l'exemple de la Prusse, qui a employé soixante ans à son œuvre de réorganisation ; c'est comme si l'on chantait « femme sensible. » Les raisonneurs ne nous changeront point. Nous sommes bâtis de telle sorte que l'aspect de quatre hommes précédés d'un caporal emportera, ainsi qu'un coup de vent, nos résolutions pacifiques. Je n'en veux pour preuve que l'ardente passion avec laquelle nous avons suivi, l'année dernière, les opérations à peine commencées sur la frontière tunisienne. Le débarquement n'était pas effectué encore que d'aucuns s'étonnaient que le drapeau aux trois couleurs ne flottât pas déjà dans la fumée des dernières canonnades, salué par des cris de victoire. Pensez donc ! Il y avait dix ans qu'un Français n'avait tiré un coup de fusil !

S'il s'était agi d'une grosse aventure, je me serais expliqué sans peine cet émoi général. Je ne suis pas un prophète et, surtout, je ne voudrais pas être un prophète de malheur ; mais il est hors de doute que les hommes de mon âge verront avant de mourir de curieuses et formidables choses là-bas, du côté de l'Est. Aussi bien, ce n'est pas de la trouée de Belfort qu'il est question. Sous le roi Louis-Philippe, durant la République éphémère de 1848, au commencement du second empire, quelques mois après la tourmente de 1870, il y a eu des insurrections, qu'il a fallu réprimer, en Afrique. L'attention française, un instant portée sur la colonie, s'en est bien vite détournée. Nous avons d'abord regardé les événements, puis nous avons passé à d'autres exercices avec notre légèreté habituelle. Cette fois, il n'en était pas de même. Une vingtaine de mille hommes sont allés purement et simplement châtier des nomades et des pillards. Toute complication était formellement écartée d'avance. N'importe ! On eût juré que le destin de la France était mis en cause. C'est bien là une caractéristique de la période que nous traversons.

Mon Dieu, je ne suis pas partisan de la guerre. « La force prime le droit » est une des plus abominables paroles qui aient jamais été prononcées. Je ne crois pas qu'un soudard couronné du quatorzième siècle eût eu le cynisme de formuler cette maxime avec une telle netteté. De braves gens qui, sans haine, sans mobile personnel, sans savoir pourquoi le plus souvent, vont se faire casser les jambes ou trouer la poitrine, c'est là un spectacle qui — humanitarisme à part — n'est point de nature à donner une haute idée de notre intellect. Quand je pense que, depuis cent cinquante ans à peu près, les Russes se font un devoir et même une sorte de plaisir de se saigner largement à époque fixe, sous prétexte de réaliser le testament de Pierre le Grand, je me prends à songer que le charpentier de Saardam fut bien en son temps le plus insupportable testateur qu'on pût rêver. Le roi Louis XV, dit le Bien-Aimé, aurait laissé chez le tabellion les dispositions testamentaires les plus minutieuses, que moi, Français de l'an 1882, je m'en ficherais comme d'une pioche. Il est vrai que je suis un irrégulier, pour qui *la chaîne des traditions historiques* représente une vaste blague.

La guerre choque le sens commun, je n'y contredis pas. J'y contredis d'autant moins que les efforts mêmes que l'on tente chaque jour pour *civiliser* la guerre démontrent de plus en plus l'inutilité de ces égorgements d'hommes. Les *souvenirs* et les *correspondances* relatives à la campagne de Crimée et à la campagne d'Italie sont fertiles en enseignements à ce sujet-là. Nous voyons les officiers français et les officiers ennemis, une fois la sanglante besogne faite, se rencontrer aux avant-postes, s'offrir des cigares, échanger des paroles amènes, plaisanter même avec une pointe de bon goût. Ces messieurs se demandaient mutuellement le chiffre des pertes et, après une bonne poignée de mains, se quittaient en manifestant le désir de se massacrer à brève échéance. Et nos nigauds de s'écrier : « Voilà qui est chevaleresque ! » Oui, chevaleresque dans le goût de cette oie de comte d'Auteroche qui, à Fontenoy, fit jeter bas 380 grenadiers — par pure courtoisie !

D'autre part, il convient de reconnaître que les théoriciens, animés des meilleures intentions qu'il y ait, tournent dans un cercle vicieux lorsqu'ils combattent la guerre. Ils se bernent de chimériques spéculations et donnent du nez contre le réel. Quel est le maître argument des orateurs du congrès de la paix? Le voici en sa simplicité. — Il est toujours le même, cet argument-là, si dissimulé qu'il soit sous des formes diverses : — « La guerre est une bêtise monstrueuse. Donc, il faut rendre la guerre impossible. Pour rendre la guerre impossible, il est nécessaire qu'un tribunal arbitral, suprême et universel, tranche toutes les contestations entre les peuples. Les peuples se soumettront. Et, dans un siècle, les musées regorgeront d'un tas d'instruments en acier, en fer et en bronze, dont nos petits neveux ne s'expliqueront même plus l'usage. » Or, il n'échappera pas aux moins clairvoyants qu'il est tout probable que le peuple condamné par la sentence du grand tribunal refusera énergiquement de s'y soumettre. Alors, quoi? Appel à la force. Je vous l'ai dit, c'est le cercle vicieux.

Le lecteur me rendra cette justice que je n'ai pas utilisé, dans ce sujet si grave et si rebattu à la fois, la tirade réglementaire sur les mères, les épouses, les sœurs et les fiancées. C'est là le gros bataillon des arguments pleurards, et non le moins digne d'être pris en considération, notez-le. Ce qu'une guerre, même la plus légitime et la plus patriotique, laisse après soi de douleurs et de deuils irréparables, je serais impuissant à le dire. Je sais des robes noires qui, depuis le siège de Paris, ne se transformeront jamais en robes de couleur plus vive et plus gaie. Il est de ces robes noires-là qui sont portées par des femmes de trente ans. La balle stupide d'un Prussien ne déchire pas seulement un cœur de soldat, elle déchire bien d'autres cœurs encore. Il y a des plaies qui ne se ferment point.

Et pourtant, cette odieuse guerre, cette guerre infâme, cette guerre qui choque l'entendement le plus vulgaire, est-il possible de la rayer du code humain ? J'ai grand'peur que nous n'y arrivions jamais. La légende la plus ancienne est celle d'Abel et de Caïn. Ils n'étaient que deux sur la croûte inhabitée du monde. L'un tua l'autre — après avoir esquissé le premier mouvement tournant. Aussitôt qu'il y eut des peuplades, ces peuplades s'entr'égorgèrent avec une furie qu'ont célébrée les poèmes épiques. Sommes-nous donc condamnés, maudits, et portant la peine de je ne sais quelle faute ignorée, à naître du sang et à vivre dans le sang ?

Un volume entier ne me suffirait pas si je voulais retracer les généreuses et inutiles billevesées qui ont hanté le cerveau des humanitaires, si justement ennemis de la guerre. Le pauvre Darcier les a résumées toutes, ces billevesées irréalisables, dans son admirable chant sur les canons :

> Taisez vos gueules !
> Qu'on s'entende !

Eh bien ! mon pauvre grand artiste, les canons ne tairont jamais leur gueule et nous ne nous entendrons jamais. C'est la loi, je ne dirai pas divine, attendu qu'il faudrait mettre en scène le Dieu des combats, qui me paraît un fier gredin — mais mystérieuse et terrible, qui nous armera éternellement les uns contre les autres.

Puis — l'avouerai-je? — c'est là un article oiseux. Au fond, j'ai la loyauté de le confesser, je parle pour ne rien dire. Les publicistes les plus revenus des illusions d'ici-bas ont de rudes soubresauts quand de certains problèmes sont remis sur le tapis. Ecoutez cette malédiction contre la guerre. Elle est écrite en alinéas sautillants qui vous indiqueront peut-être, dès le début, quel en est l'auteur. Aussi bien, tout le morceau est d'une justesse irréfutable.

« La guerre, c'est le meurtre.

» La guerre, c'est le vol.

» C'est le meurtre et le vol enseignés aux peuples par leurs gouvernements.

» C'est le meurtre et le vol blasonnés, dignifiés, *couronnés !*

» C'est le meurtre et le vol soustraits à l'échafaud par l'arc de triomphe.

» C'est le meurtre et le vol moins le châtiment et la honte, plus l'impunité et la gloire.

» C'est l'inconséquence légale, car c'est la société ordonnant ce qu'elle défend et défendant ce qu'elle ordonne, glorifiant ce qu'elle flétrit et flétrissant ce qu'elle glorifie — le fait étant le même et le nom seul étant changé. »

Y a-t-il un mot à répondre? Pas un, assurément. Eh bien ! j'ai vu, à la fin de juillet 1870, l'auteur de cette belle fureur au théâtre de l'Opéra. Il n'était pas question encore de la défense du « sol sacré. » Partout, dans la rue, on hurlait : à Berlin ! à Berlin ! Il y avait dans l'air comme une soif de conquête. *La Marseillaise* était à l'ordre du jour, chant de combat et de victoire.

M. Faure vint se placer devant le trou du souffleur. Il entonna l'hymne, de la voix chaude que vous connaissez. Il y avait des tireurs à cinq qui pleuraient de vraies larmes. Tout à coup, un cri — qui nous fit retourner tous — retentit après la première strophe : « Debout ! » Nous nous levâmes, comme mus par un ressort. C'était l'auteur des lignes ci-dessus qui poussait un rugissement de Peau-Rouge. J'ai nommé M. de Girardin. Hé ! Godefroy Cavaignac, un ami du genre humain aussi, n'a-t-il pas écrit la *Tuerie de Cosaques*, un accès de folie belliqueuse. Je ne parlerai ni de Barbès, ni de Hugo. La vérité est que, tant qu'il y aura des frontières, et il n'y aura plus de frontières que le jour où nous retournerons à l'état sauvage, je ne sais quelle noble stupidité nous jettera dans l'âme d'incoërcibles et patriotiques ardeurs. Chauvinisme, pardieu! Voilà le mot lâché!

DIVORCE

E débat sur le divorce est de ceux qui, si ressassés qu'ils aient pu être, ont le don de passionner quand même l'opinion publique. M. Naquet aura été le Pierre l'Ermite de cette croisade. C'est lui qui, avec une ardeur que ni les mauvais vouloirs ni les railleries n'ont pu rebuter, a résolument commencé l'attaque. Ce petit homme contrefait, à figure douce et puissante, a apporté à la tâche entreprise une énergie et une ténacité rares. C'est un savant que M. Naquet, et un savant pour de bon, — mais rien qu'un savant. En lui, l'orateur et l'écrivain sont de mince envergure. Chose étrange! il ne retrouve une vigueur de plume ou de parole que lorsqu'il s'agit du divorce. Je n'ai pas à expliquer ce mystère, et à sonder le cœur et les reins de M. Naquet. Néanmoins, et quoi que j'en aie, je ne puis m'empêcher de songer au juge-

ment que l'admirable Thomas Carlyle, le Michelet de l'Angleterre, qui vient de mourir, portait sur Tallien, qu'il avait vu en Bavière vers 1817. Tallien n'était pas et n'avait jamais été éloquent. Un jour, un seul jour, dans la séance du 8 thermidor, il trouva des accents d'une force et d'une grandeur incomparables. Abstraction faite de la rhétorique habituelle du temps, Tallien fut, pour cette unique fois, *un homme de génie*. Il dut ce triomphe inattendu — qui changea la face de la France et peut-être du monde entier — à l'amour inassouvi que lui avait inspiré cette guenon de Thérésa Cabarrus.

Je suis venu à maintes reprises, sans avoir les mêmes raisons que Tallien, je n'oserais dire que M. Naquet, mais par pur bon sens, à la rescousse des partisans du divorce. Ce divorce honteux, misérable et immoral, immoral surtout, qu'on appelle « la séparation de corps » est une telle ânerie que, réellement, il faut que nos législateurs aient des écailles — et des écailles d'huître — sur les yeux, pour ne pas voir où ce système aussi catholique que ridicule va nous entraînant chaque jour. C'est une véritable honte que de s'entêter dans l'erreur, ainsi que nous le faisons de parti délibéré et en connaissance de cause. Tourner ses pouces benoîtement et murmurer d'une voix onctueuse : « *Quod conjunxit Deus, homo disjungere nequit* », — telle est, au fond, l'argumentation des adversaires du divorce. Cette naïve placidité me rappelle le *ronron* du comédien Geoffroy parlant de l'« indissolubilité des liens conjugaux », dans une pièce où sa femme sortait continuellement pour aller faire visite à *une tante malade*. O cocus de tous les temps !

La séance de début a été des plus chaudes. On eût dit une salle de première représentation. Les dames, mammifères adorablement nerveux, étaient venues chercher des émotions, non sans s'être au préalable munies de chapeaux Niniche et de poufs extravagants. L'une d'elles même, à ce qu'on a conté, est tombée raide en pâmoison. Elle avait d'abord respiré des sels, la pauvre âme, désireuse de surmonter le trouble qui l'envahissait. Une petite chatte, quoi ! Mais, quand M. Léon Renault a attaqué sa cavatine, avec des bémols d'une irrésistible douceur, la ravissante jeune femme n'a pu y résister. Elle s'est évanouie. Ah ! qu'Aristide Froissart n'était-il là ! Le héros de Gozlan avait une manière ingénieuse de faire revenir à elles les vaporeuses gamines qui se trouvaient mal. Il te vous leur glissait une loyale carafe d'eau dans le cou. Sur quoi, les vaporeuses gamines se redressaient incontinent et se prenaient à lâcher des exclamations dénuées de poésie.

M. Léon Renault, qui est un malin, me paraît ne pas avoir admis le divorce tel que le proclamait un peu bien légèrement la loi de 92. La loi de 92, en effet, votée une quinzaine de jours après les massacres, c'est-à-dire en pleine fièvre et en pleine folie, était une loi radicale, absolue, tout d'une pièce, telle que les acceptent les périodes révolutionnaires. Le député Aubert-Dubayet, qui avait un léger défaut de prononciation et qui, à ce que prétend Darmaing, dans son *Dernier tableau des crimes et mensonges de Vadier*, « disait des choses justes, mais d'un ton pénible », le député Aubert-Dubayet avait obéi au courant de l'opinion publique et réédité — en somme — les vœux du cahier dont Philippe d'Orléans était porteur en 1789, le seul cahier qui osât alors exiger le divorce. Il convient de le reconnaître franchement, la loi de 92, trop sommaire, semblait donner lieu à « ces marchés de chair humaine » dont s'indigna plus tard le conseil des Anciens.

Je n'ai sous les yeux que des fragments du discours de M. Léon Renault. Il me semble, d'après les citations un peu tronquées que je lis, que M. Renault, sauf deux points, a purement et simplement réclamé la mise en vigueur du titre VI du livre IV du code civil, rayé par la loi du 8 mai 1816. Je vous demande où serait le grand mal, en vérité. Les gens naturellement portés à l'éloquence attendrie ne manqueront pas de parler du sort des enfants. Ils iront peut-être jusqu'à emprunter à M. Gondinet l'aimable fantaisie qu'il a développée sur la scène du Vaudeville. Croyez-vous donc, ô gens naturellement portés à l'éloquence attendrie, que les enfants soient sur un lit de roses, étant donné l'absurde régime de la séparation de corps ?

Ne nous illusionnons pas et ne cherchons pas midi à quatorze heures. La résistance au divorce n'est, en fin de compte, quelque juridiquement spécieuses que puissent être les discussions à venir, qu'une suprême révolte du vieil esprit catholique contre l'esprit moderne. Les adversaires du divorce font, inconsciemment peut-être, mais indiscutablement, œuvre théocratique. Et, ce qui explique peu les grandes fureurs de ces adversaires, c'est qu'on respecte leurs convictions. La séparation de corps continuera à exister, comme en 1803, parallèlement au divorce. Ils auront leur petite séparation de corps, les bons catholiques : cette séparation de corps immonde qui donne libre carrière à toutes les irrégularités, à toutes les immoralités, à tous les drames et à toutes les fioles d'acide sulfurique.

Il est clair que le divorce tel que l'a défendu M. Léon Renault a dû paraître à M. Naquet un divorce anodin, un divorce de poche, quelque chose comme un remède facile à suivre, même en voyage. Il s'y est rallié pourtant et a habilement fait. M. Naquet a un gros dossier relatif au divorce. De temps à autre, dans les conférences qu'il est allé débitant par les grandes villes, il a sorti de ce dossier des pièces absolument probantes, et qui « collent au mur » les adversaires les plus endiablés. Moi-même, si je ne me fais illusion, j'ai eu la bonne fortune de lui procurer quelques anecdotes d'un haut goût. Je lui ai remis en mémoire ce procès fantastique où M. le marquis de Grolée-Viriville, marié à la délicieuse M`lle` Caillard, se vit, le soir même de ses noces, fermer l'huis conjugal sur le nez. L'escroqueuse de couronne de marquis prit son vol vers une foule d'aventures galantes. Le triste époux demanda la cassation du mariage, l'acte conjugal n'ayant point été consommé. Favre plaidait. Les magistrats, qui cachent sous leur jupe noire une âme de marguillier, ne prononcèrent chastement que la séparation de corps. N'est-ce pas une monstruosité ?

J'ai mis autant que possible en lumière un procès en séparation de corps d'il y a huit mois à peine. Cet homme de trente-cinq ans qui épouse une jeune fille de vingt ans et — au moment de rire — s'aperçoit, avec une stupeur dont il a le lendemain fait part au plus proche avoué, que la Providence, de plus en plus impénétrable dans ses décrets, a déjà amplement béni les fécondes entrailles de sa conjointe ! Quelle agréable surprise, sur le coup de trois heures du matin ! Et il est condamné, cet homme de trente-cinq ans, de par les béguculeries des jurisprudents, à vivre dans un éternel célibat, du moins jusqu'au jour où la Providence déjà nommée jugera opportun de rappeler à elle la petite au ventre révélateur ! Allons donc !

Il ne faut pas, en matière semblable, se payer de théories déclamatoires et de lieux communs rances. Les faits sont là qui parlent haut et s'imposent. Il est certain, ô adversaires du divorce, que si l'un de vous épousait demain Mlle Auclert ou Mlle Rouzade, deux jolies filles égarées dans le clan des femmes à lunettes, et que Mlle Auclert ou Mlle Rouzade, après avoir déposé son cache-peigne et ses fleurs d'oranger sur la commode et s'être glissée dans le lit, lui dit d'un ton ferme : « Voyons, mon ami, soyons sage ! Je ne vous permettrai ces attouchements que si vous me faites restituer mes droits politiques ! » il est certain, dis-je, qu'il bondirait d'étonnement. Peut-être objecterait-il à Mlle Auclert ou à Mlle Rouzade que le matin, à la mairie, un fonctionnaire écharpé — l'acteur Christian, si vous voulez — l'a autorisé, d'un clignement d'œil à la fois significatif et sympathique, à n'être pas sage le moins du monde. Si Mlle Auclert ou Mlle Rouzade n'entendait pas raison, *quid*? Il l'inviterait, à coup sûr, à ne pas utiliser davantage le sommier conjugal. Et il serait, ce pieux adversaire du divorce, le mari *in æternum* de cette politicienne insexuelle ! Sur ma parole, c'est trop bête !

Très sérieusement, cette loi du divorce, que réclame tout esprit sage et que repoussent quelques maniaques de spiritualisme, passera forcément un jour ou l'autre. Je ne sais quel sera, cette fois-ci, son destin. Il y a partout, on ne saurait le contester, un courant favorable au projet de M. Naquet ou, pour parler plus juste, à la proposition de M. Renault. Personne ne demande que le mariage ressemble à une de ces unions morganatiques que les étudiants concluent de façon légère à la Closerie des Lilas entre deux piles de bocks. Mais le sens commun exige que l'indissolubilité du mariage, qui crée tant de situations fausses, misérables et douloureuses, ne soit pas un dogme absolu. En 1831, 1832, 1833 et 1834, quatre tentatives en faveur du divorce ont échoué devant la Chambre des pairs. Toujours Geoffroy! Serons-nous plus heureux aujourd'hui? Et se décidera-t-on à comprendre que la France, dût-elle tomber au rang de fille cadette de l'Eglise, n'est pas indigne de jouir du bénéfice légal dont jouissent en paix l'Angleterre, l'Allemagne, la Belgique, la Bavière et les Etats-Unis? Enfin espérons. Nous verrons bien si, en 1883, les majestueux sénateurs s'opposeront encore à la plus sensée, à la plus nécessaire et à la plus *morale* des réformes!

L'OUVRIÈRE

on ami le docteur H... est un grand gaillard au front haut, aux yeux fins et aux lèvres railleuses. Il appartient à cette école matérialiste qui, depuis quarante ans, a fait de si curieux progrès dans le monde. Il estime que la vie ne vaut pas un haussement d'épaules. C'est, par surcroît, le *nil mirari* d'Horace fait homme. Il a le scepticisme dédaigneux qu'on reproche volontiers aux avocats, aux médecins et aux professeurs : tous gens qui, par leur métier même, subissent le continuel frottement des intérêts, des souffrances et des passions. Il professe notamment, en ce qui touche le sexe opposé au nôtre, des théories toutes faites, d'une crudité révoltante et dont le cynique exposé a plus d'une fois amené la rougeur sur mon front ingénu.

Hé donc, je l'ai rencontré hier. Il m'a semblé plus soucieux que de coutume. « Je viens d'assister, m'a-t-il dit, à un triste spectacle. Je quitte le chevet d'une jeune fille qui, évidemment imbue de la puissante littérature de l'Ambigu-Comique, a mis fin à ses jours en allumant tout ce qui lui est tombé de réchauds de charbon sous la main. Je suis arrivé trop tard. Une chambre de la rue Sainte-Marguerite. Tu vois ça d'ici. En entrant là-dedans, j'ai senti je ne sais quoi qui m'a poigné! On avait cassé la vitre de la chambre à tabatière. La mèche de la chandelle vacillait. Cette enfant de dix huit ans était étendue sur son lit : une tête régulière, d'une étrange gravité, véritablement belle. Et des cheveux! Une vieille pêcheuse de crevés les lui aurait achetés dix louis. Sans ouvrage depuis trois semaines, elle a eu faim et s'est tuée. Elle eût pu descendre de son bouge, rôder au coin de la rue voisine et chantonner à l'oreille des passants. Elle ne l'a pas voulu. Dieu! que c'est stupide, la vie! » Il m'a quitté.

Mon Dieu, je ne me dissimule pas que l'alinéa qui précède manque absolument de cette gaieté sans laquelle un chroniqueur n'a guère de raison d'être. Mais qu'y faire? Les événements passent sous nos yeux, rapides, divers, parfois terribles. Il s'agit de cette question éternellement à l'ordre du jour : la question de l'ouvrière. Je commence par déclarer, à la face de mes contemporains, que je n'écris pas ces lignes pour les aimables jeunes gens qui, lorsqu'ils ont dit, entre deux verres de vin de Champagne : « *Ous qu'est mon arquebuse ?* » s'imaginent avoir donné le *la* de cet esprit français que l'Europe, dans sa folie douce, continue à nous envier. Je n'aspire pas davantage à provoquer l'attention des dames mûres qui essayent de détourner encore quelques échappés du volontariat d'un an et qui, malgré leur retour d'âge, se refusent obstinément à faire un retour sur elle-même. Non. Je m'adresse aux gens qu'attirent certains problèmes ardus, d'une solution sans cesse ajournée.

Je m'occupe de la classe si nombreuse et si intéressante des ouvrières. On ne vit pas, pour me servir du style élégant des hommes pratiques, de poésie et d'eau claire. Le « vil métal » est quelque peu nécessaire à la subsistance, au prix où est le beurre et où sont les faux cheveux. Or, que gagne en moyenne une ouvrière? Les statisticiens, qui ne reculent devant aucune enquête, donnaient jadis le chiffre de trente-six sous. La moyenne a monté, paraît-il, et est, à l'heure actuelle, de trente-neuf sous. Je sais bien que les ouvrières mangent dans des restaurants où le rince-bouche est considéré comme un objet d'art, ne se fournissent pas généralement chez Worth et affichent pour le vain luxe du blanchissage une indifférence voisine du dédain. Mais enfin, trente-neuf sous! Observez que ces pauvres filles ont parfois des charges. Un riche industriel, qui emploie un grand nombre d'ouvrières et devant lequel je m'étonnais de ces salaires réellement absurdes, me répondit que toutes avaient un amant qui leur venait en aide. Ainsi, un industriel peut dire à une jeune fille qui se présente chez lui : « La place n'est pas mauvaise, mon enfant : trente-neuf sous et un amant entre deux âges. Vous pourrez joindre les deux bouts, avec de l'ordre. Ça vous convient-il? » Le fixe et l'amant. L'amant est à l'ouvrière ce que le *tronc* est aux garçons de café. Voilà qui est convenu. Et penser que M. de Gavardie agite de grands bras en vitupérant la dépravation des classes laborieuses!

Il est entendu qu'une fille d'Ève échappe rarement à la tentation. Or, je vous le demande, comment une malheureuse créature, jetée par le hasard aux bas degrés de l'échelle difficile, ne gagnant pas littéralement de quoi manger, résisterait-elle aux séductions d'alentour? Il est, dans ce monde parisien, quelques vieilles matrones impatentées, dont la délicate profession consiste à rechercher les jeunes personnes ayant horreur d'un travail rémunéré insuffisamment et à mettre lesdites jeunes personnes en rapport avec des messieurs riches qui ont contracté la nonchalante habitude d'acheter l'amour tout fait. Vienne la matrone, l'ouvrière n'hésitera pas. Elle jettera par-dessus le moulin le plus proche les trente-neuf sous de son patron et battra des mains à la bonne aubaine. Pourquoi diable hésiterait-elle, la pauvrette? Je vous jure, que le mot « morale » est un fort beau mot dont il convient de ne pas abuser.

Aussi, j'avoue que je ne puis me défendre d'une réelle émotion quand je vois, sur le boulevard, un homme investi de la confiance de l'administration, et muni d'une carte *authentique*, se précipiter sur une malheureuse qui passe inquiète, souriant d'un mauvais sourire et montrant ses bas rouges aux enfants de seize ans en quête de sensations inconnues. A Dieu ne plaise que je veuille la prostitution libre dans l'État libre! Il faut la circulation sans encombre aux honnêtes femmes : on me rendra cette justice que j'ai plus d'une fois combattu ce bon combat. Mais quoi! on n'est pas moraliste tout d'une pièce, sous peine d'être un sot. Et je confesse que les trente-neuf sous ci-dessus mentionnés me rendent singulièrement rêveur!

Que répondrait M. le chef de bureau de la préfecture de police préposé au service des mœurs si, le lendemain, la fille amenée devant lui, les yeux creusés par la nuit sans sommeil passée au poste, le cœur gros de rage, la voix rauque, lui disait : « C'est vrai, monsieur, je suis fautive. Je vais vous compter la chose en deux mots. J'étais à l'atelier et je gagnais trente-neuf sous par jour. A force de travailler, le corps plié en deux, de sept heures du matin à neuf heures du soir, je suis tombée malade. Mon *homme*, un tourneur en cuivre qui m'assistait un peu, m'a plantée là. Il y a des gens qui sont des pas grand'chose. Ma mère a soixante ans et crève de faim. Qu'est-ce que vous voulez que je fasse? » J'ai peut être trop bonne opinion des hommes, mais j'aime à supposer qu'une légère émotion dérangerait à ce moment les plis harmonieux de la cravate blanche de M. le chef de bureau.

Avec l'exubérance d'un chroniqueur qui manque d'empire sur lui-même, je m'adresserai carrément aux cinq cent trente-trois élus du suffrage universel qui légifèrent au Palais-Bourbon. Je ne leur ferai pas un gros crime de passer leur temps en joutes oratoires. L'art du bien dire est un art que je prise fort. Ils me permettront de leur faire observer, néanmoins, que la politique pure, sans la préoccupation constante des difficultés sociales qui nous assiègent, devient simplement de la politiquaillerie. Il me paraît que ces cinq cent trente-trois *pasteurs de l'humanité* ne se préoccupent guère d'une des plus importantes questions qu'il y ait. En grâce, qu'ils songent donc un peu aux humbles dont je parle!

Une petite fille de dix-sept mois, à qui l'on soumettrait le sujet que je viens d'effleurer, le résoudrait sur-le-champ avec une intelligence beaucoup au-dessus de l'âge de M. Devès. « Les ouvrières, dirait cette petite fille de dix-sept mois, ont mille fois tort de travailler. Je n'ai pas encore une grande expérience de la vie, mais il me semble qu'une ouvrière, vu la situation stupide que lui crée cette société au sein de laquelle je viens d'entrer depuis fort peu de temps, serait bête comme une tulipe si elle ne tâchait pas de quitter, à la première occasion, ce que ma nourrice appelle le *sentier de l'honneur.* » Et de fait, la petite fille de dix-sept mois serait dans le vrai. Il ne faut pas se payer de sentences sonores : les brutales réalités sont là. Aussi, au risque de me voir cité devant une chambre quelconque de la police correctionnelle, je ne saurais trop encourager mes concitoyennes, tant que durera cet état de choses, à abandonner l'humble travail qui mène à l'hospice, pour se livrer à la débauche extraordinairement élégante qui mène chez Péter's et à Saint-Lazare.

Je ne voudrais certes pas avoir l'air de découvrir ce pleurnicheur de Baruch. Je signale, après bien d'autres, un mal terrible auquel je n'indique point de remède. *Sunt verba et voces*, je le sais. Mais que voulez-vous? Ce diable de docteur H... m'a soulevé le cœur avec sa suicidée d'hier. Moi qui administrerais, sans l'ombre d'un remords, une forte dose de strychnine au premier bas-bleu que je pourrais pincer dans un coin, je m'apitoie de toute mon âme sur ces pauvres abandonnées. C'est avec une sorte de respect que je vois parfois, aux heures matinales, passer des jeunes filles aux joues marbrées, aux lèvres pâlies, aux doigts crevassés d'engelures, se rendant à l'atelier où, douze heures après, elles auront le droit de toucher trente-neuf sous. Bonté du ciel, que tu es niaise! Laisse donc là le patron ou la patronne. Entre dans la danse, vends-toi aux passants, apprends à connaître le son de l'or mal gagné, raille tous les sots préjugés du monde, vis enfin de la vie fiévreuse qui fait les yeux brillants et les mains blanches, puisqu'il n'y a pour toi, ô maudite, qu'une alternative : mourir de misère ou devenir une fille des rues !

LE BATON DE LA BRINVILLIERS

N ne peut passer sous silence l'article premier de la loi sur la presse, voté par la Chambre. C'est notre maison qui brûle. Quoi d'étonnant que nous criions comme des possédés ? La presse entière, depuis la *Justice* jusqu'au *Figaro*, en passant par le *Gaulois*, s'est regimbée devant le traquenard qu'on nous tend. Je suis absolument persuadé que les honorables du Palais-Bourbon n'ont pas senti la portée de leur vote. Ils ont été les ouvriers inconscients d'une énorme chausse-trappe. Au nom du respect des bonnes mœurs, envoyer les journalistes devant les magistrats correctionnels ! Quelle étrange turlutaine! Cette loi sur la presse me rappelle le superbe et gigantesque fromage de Hollande de la fable. Un facétieux y avait enfermé un rat.

Je ne puis trop le répéter, les hommes noirs, noirs depuis la toque jusqu'aux ongles, nous repinceront à ce demi-cercle-là. Où commence la pornographie ? Où finit-elle ? Du diable si les jurisprudents le savent eux-mêmes. Ils découvriront de la pornographie où il leur semblera bon d'en découvrir. Et vous verrez la jolie besogne que feront ces hommes, redevenus, par le fait de ce petit article qui, de prime abord, n'a l'air de rien, nos seigneurs et maîtres. Cet article leur donne sur nous droit de mainmise, n'en ayez doute. Un jeune magistrat de mes amis, brave garçon qui a mal tourné et qui est la honte de sa famille, me disait avant-hier : « Fais bien attention. Ils ne demandent qu'à te *piger* (quel mot pour un inamovible!). Si tu as le malheur de raconter une historiette légère, tu ne t'en tireras pas à moins du *maximum*, soit deux ans de prison et trois mille francs d'amende. C'est par quoi ils te feront expier tes haines. » Eh ! pardieu, je ne l'ignore point. Pornographe par ci, pornographe par là ! L'affaire sera bâclée.

Vous n'êtes pas sans savoir que les relations entre les journalistes et les magistrats sont extraordinairement tendues. Pour ces gaillards-là, dont la plupart ne seraient pas dignes de cirer les bottes du plus infime de nos reporters, les publicistes sont des lépreux ou quelque chose d'approchant. Ils nous haïssent. La vérité est que nous le leur rendons bien. Ai-je conté déjà que j'ai eu maille à partir avec ces êtres d'une essence supérieure ? La scène fut épique. J'avais malmené de la plume un comédien fort peu intéressant. Le comédien n'hésita pas à m'assigner devant une chambre correctionnelle et à me réclamer *vingt mille francs* de dommages-intérêts, sans préjudice de l'application de la loi. Une paille, vous voyez ! Je me hâte d'ajouter que les trois vieux de derrière le comptoir furent gentils tout plein et ne me condamnèrent qu'à seize francs d'amende — que je n'avais, d'ailleurs, pas volés. Mais c'est l'*éloquent organe* du ministère public qu'il fallait entendre ! Cet éloquent organe, qui parlait le français comme un autochtone du Cantal, fut sans pitié. De vrai, cet homme niais et mal élevé, placé en face d'un écrivain, — qui avait peut-être, dans une heure nerveuse, dépassé son droit de critique, je le reconnais, — recula les limites connues de la goujaterie. Il traita les journalistes comme des *pick-pockets*, avec la lâche conscience de son impunité. J'avoue pourtant que le sot me fit sourire à plus d'un endroit. J'ai encore son réquisitoire dans l'oreille. Il commença en injuriant un de mes anciens dont je combattrai toujours les excès d'opinion, mais qui est l'honneur même et qui, précisément à ce moment-là, crevait de tristesse sur la terre d'exil.

« Messieurs, expectora le crétin, un écrivain qui eut quelque valeur avant de devenir un des grands criminels de notre époque, M. Henri Rochefort, a créé un genre déplorable, etc. » Ah ! gazetiers de chroniques, mes confrères, que n'assistiez-vous à cette audience ! L'homme à la jupe nous compara ingénieusement à des « voleurs au poivrier ! » Puis, il lut mon article. Non, je ne puis vous dire avec quels soulignements hautains et quel rictus dédaigneux. J'aurais été un parricide, un détrousseur de filles ou un escroc, que je n'aurais pas inspiré plus de dégoût à cet imbécile. Il termina en réclamant ma tête et en affirmant que *je n'avais pas autant d'esprit que Voltaire!* Ecrasé par cette foudroyante révélation, j'inclinai mon front vers le sol et laissai mon avocat, notre cher et grand Lachaud, expliquer aux trois anabaptistes comme quoi j'avais un beau talent.

Mais je perds de vue mon point de départ, j'entends « le bâton de la Brinvilliers ». Ce bâton-là faillit jouer un fâcheux tour à celui qui fut notre maître à tous, Auguste Villemot. C'était sous Napoléon III, au temps même où un chef de parquet, bête à ramer des choux, estimait Mme *Bovary* « une œuvre éminemment immorale » et traduisait Flaubert devant la police correctionnelle, tout comme s'il eût dérobé des pruneaux à la vitrine d'un épicier. Villemot faisait la chronique au *Figaro* — alors bi-hebdomadaire, si je ne me trompe. Il raconta la si jolie anecdote, un brin leste, j'en tombe d'accord, de la tentative de suicide de la Brinvilliers. La Brinvilliers, placée entre la torture et la Grève, essaya de se donner la mort en s'introduisant un bâton... devinez où. Chose bizarre! la santé de la marquise ne fut pas altérée le moins du monde. « Cela me rappelle l'histoire de Mithridate », ajoutait philosophiquement Villemot.

Villemessant, qui n'avait sur l'histoire ancienne que des notions vagues et à qui on eût facilement fait croire que Mithridate était un artiste distingué de l'Ambigu-Comique demanda l'explication de l'énigme. Quand il démêla la gauloiserie, il rit à se tordre et déclara qu'*elle était bien bonne.* Il commença à la trouver moins bonne le surlendemain, lorsqu'il reçut un papier timbré, émanant du parquet, où un magistrat rageur lui reprochait, en termes juridiques, d'avoir commis un attentat aux bonnes mœurs et le citait à comparoir devant la sixième chambre, ainsi que son complice Villemot. Les chastes personnes qui jouaient « les tableaux vivants » aux Tuileries avaient été indignées. Un *tolle* général, non seulement à la cour, mais à la ville. On contait que, dans les coulisses des Variétés, Mlle Léonide Leblanc, cette grande figure du second empire, avait laissé échapper le journal en lisant l'épouvantable alinéa et, d'une main frémissante, s'était voilé la face. Villemot était un homme à pendre.

A la grande surprise de Villemessant, Villemot se rendit au Palais de Justice d'un pas délibéré, le visage hilare et portant un gros bouquin sous son bras. Ce bouquin n'était autre que les *Lettres de Mme de Sévigné.* La coupable, c'était Mme de Sévigné. C'était l'illustre marquise qui, dans une de ses plus charmantes épîtres avait narré l'aventure. Et qui avait dit que « cela lui rappelait l'histoire de Mithridate? Qui? *Le bon abbé* de Coulanges, tout simplement. Vous vous représentez d'ici le nez de M. le procureur impérial. Poursuivre les cendres de Mme de Sévigné était œuvre malaisée, on le comprendra. De son côté l'abbé Bauer, prédicateur au patchouli alors fort influent, sentit qu'il serait regrettable de faire retentir le prétoire des joyeusetés d'un de ses prédécesseurs directs, l'aimable abbé de Coulanges, et imposa silence aux scrupules des *belles mondaines* de la cour. Villemessant, qui, au fond, préférait Colombine à Mme de Sévigné et n'en voulait rien laisser paraître, opina que Villemot était un *animal rudement instruit*. Tout finit bien.

Eh bien! il est emblématique ce bâton de la Brinvilliers. C'est aussi un bâton de Damoclès, et il est suspendu sur nos têtes. Si le *Figaro* n'avait pas été vu d'un œil favorable par les gouvernants du jour; si l'anecdote avait été racontée par Edmond Texier ou Clément Caraguel, chroniqueurs également à la mode, mais du *Siècle* et du *Charivari;* si, en fin de compte, Villemot n'avait pas pu se réclamer de la marquise de Sévigné et du bon abbé de Coulanges, il y aurait eu un stupide procès de presse de plus. Barbey d'Aurevilly, Jean Richepin, Léon Bienvenu, bien d'autres, dont le nom m'échappe sont des réprouvés. Tâchons de ne pas aller grossir le bataillon de ces galeux. Deux ans de prison et trois mille francs d'amende! Tudieu! Ils n'y vont pas de main morte! « Cocu » au lieu de « mari trompé », « bidet » au lieu de « demi bain », « catin » au lieu de « femme perdue », que sais-je, moi? Une virgule oubliée peut nous faire tomber sous la patte des vilaines gens d'au delà des ponts. Si le Sénat ne flaire pas le piège et n'a pas l'intelligence de biffer tout net ce fallacieux article, c'en est fait des infortunés journalistes. Serrons-nous les coudes, camarades, et songeons au bâton de la Brinvilliers!

DES MAUDITS

Oui, cela est vrai. Il est des familles maudites. Le travail, le vif sentiment de l'honneur, le respect des normalités de la vie : tout, en ces familles marquées pour le malheur, vient d'échouer contre je ne sais quelle implacable fatalité. Il semble que le libre arbitre, ce libre arbitre dont nous sommes si fiers, soit lettre-morte pour ces prédestinés qui assistent — témoins désespérés et impuissants — à leur propre ruine. C'est l'*ananké* des anciens qui frappe en aveugle sur des têtes hautes et vaillantes. On dirait d'un sortilège. Aussi ces familles-là, interdites et affolées, n'essaient bientôt plus de lutter contre l'ennemi invisible, deviennent d'inertes machines entre les mains de l'âpre destinée, et tombent à mi-route sans avoir même la force dernière et la dernière consolation de lancer vers le ciel la poignée de poussière du vaincu.

Qui de nous n'a pas assisté à de ces douloureux spectacles? Au début, tout est joie, rayons de soleil et rêves d'avenir. Les premières étapes sont *brûlées* d'un pied rapide et qui n'hésite point. C'est ainsi qu'on va parcourir toute la vie, sans doute. Oh! que non pas, vraiment! La Fée Mauvaise, au nez crochu et aux yeux gris, n'entend pas de cette oreille. Il lui faut sa proie. Elle a jeté son dévolu, la vieille strige, sur ces laborieux et ces heureux : elle frappera ses victimes en plein labeur et en plein bonheur. La mort passe avec sa grande faux ; le désenchantement, pâle avant-coureur du suicide, énerve des cœurs fermes jusque-là ; la famille sent peser sur elle je ne sais quoi de fatal et de maudit. En vérité, c'est à croire au sens réel de cet affreux mot grec que je viens d'écrire et que le *diabolique* de Hugo, en proie aux furies de la passion, gravait d'une main chaude de fièvre sur le mur de sa cellule!

Que veux-tu, bon lecteur ? La gaîté ne se commande pas. Je ne demanderais pas mieux, moi qui ai horreur des attendrissements faciles et des phrases *mouillées de larmes*, que la vie fût un long éclat de rire. Nous ririons ensemble à braguette déboutonnée, ô lecteur ! et nous nous en porterions mieux, s'il faut s'en fier au précepte connu de Villon, le plus joyeux bohémien qui ait jamais existé. Mais le moyen, je vous demande, de ne pas se sentir profondément ému en lisant que la dernière fille de Paradol envoyée par la Maison-Mère à Alexandrie, s'est enfuie avec une autre religieuse? Les deux « sœurs » ont disparu, au milieu de la tempête soulevée là-bas. On ne sait rien de leur sort. Aux dernières nouvelles, on craignait qu'elles ne fussent tombées entre les mains des bandits qui tiennent la campagne...

Ce doux et triste nom me remet au cœur des souvenirs personnels — et déjà lointains, hélas! J'ai encore présent à l'esprit un portrait de lui qui ornait les murs de notre parloir. Les lauréats du grand concours avaient seuls droit à cette portraicture ardemment convoitée. Or, Paradol était un lauréat, et des plus brillants. Le front était nettement dessiné; les yeux, aux paupièresp récocement plissées, avaient une singulière expression de finesse ; le nez, dont on devinait sans peine la mobilité ex-cessive, étai tdroit et franc ; à part je ne sais quoi de sensuel, un peu trop accentuée dans les commissures des lèvres et les lignes du menton, c'était là une physionomie haute. Il nous avait précédés de douze ou quinze ans. Nous le suivions de loin, lisant ses articles, nous renseignant sur les détails de sa vie, presque fiers de notre grand ancien.

Prevost-Paradol, après un brillant passage à l'Ecole normale, avait jeté aux orties sa robe de professeur. L'enseignement n'offrait point d'aliment à cette nature amoureuse des choses brillantes, et plus ambitieuse qu'on ne l'eût supposé. Aussi bien, sa sortie de l'Ecole normale coïncidait avec les premiers actes de l'empire. Un malfaiteur nommé Fortoul, qui restera pour l'Université un objet d'exécration, essayait d'astreindre les membres du corps enseignant à la plus rude et à la plus inepte des disciplines. Paradol déserta et se jeta dans la littérature, imitant l'exemple de son camarade Taine, lequel, nommé professeur de sixième à Toulon, avait envoyé sa démission au grotesque Fortoul, dans une lettre commençant par cette phrase souvent citée : « Est-ce au bagne qu'a daigné m'envoyer Votre Excellence? »

Du jour au lendemain, Paradol fut connu. Sa façon froide, discrète, un peu hautaine, pleine de sous-entendus incisifs, frappa vivement les délicats. La feuille des Bertin lui dut un regain de succès. Le seul reproche qu'on pût faire à ce journaliste débutant comme un maître et usant sans cesse du « procédé entre les lignes », le seul peut-être qu'il fût possible d'employer au début du second empire, était le reproche que Beyle, railleur de lui-même, adresse à son héros favori : « Il y avait de tout dans ce jeune homme, excepté de la jeunesse. » Quoi qu'il en fût, en six mois, le pauvre Paradol était en passe de célébrité. On compta avec lui de toutes parts. Dix lignes des *Débats*, légalement inattaquables, faisaient passer de mauvaises nuits à de certains sceptiques, d'ordinaire fort tranquilles. Paradol continua longtemps cette petite guerre redoutable. Puis, au jour de l'*empire libéral*, son ambition insoupçonnée se révéla. On le nomma ambassadeur à Washington.

Nul ne pourra jamais dire quel orage gronda alors sous ce crâne. Paradol a emporté avec lui le terrible secret de sa suprême défaillance. Une nuit sombre, une de ces nuits où il y a, chez les étranges animaux que nous sommes, de formidables soubresauts de nerfs, Paradol prit un pistolet et se fit sauter le crâne. La nouvelle nous arriva ici comme un coup de foudre. Nul n'y voulut croire. Eh ! quoi ! Cet homme de quarante ans, à qui la vie avait été si facile et à qui elle semblait réserver encore tant de sourires, avait brusquement abandonné son poste ! Cela était ainsi, pourtant. La Fée Mauvaise, jusque-là tapie dans un coin, venait de montrer le bout de son horrible frimousse.

Alors ce fut la débâcle. Il y a de ces paniques et de ces sauve-qui-peut dans la vie. La famille de Paradol commença d'être maudite. Ce coup de feu eut, par delà la grande mer, un retentissement qui ne s'est pas éteint encore. Paradol avait laissé un fils et deux filles, des têtes aimées oubliées cruellement en cette minute indicible où l'homme qui a résolu de se servir, dans la partie qu'il joue contre le destin, de cette affreuse carte biseautée qui s'appelle le suicide, appuie son doigt sur la gachette du pistolet. Les deux jeunes filles prirent le voile. En vain, Mme Nathaniel de Rothschild, mue par un sentiment de générosité touchante, leur avait-elle offert une dot considérable, dans l'espoir de les détourner du cloître. Rien n'y fit. Elles se réfugièrent dans l'oubli définitif. L'une d'elles, l'aînée, Lucy Paradol, mourut peu après, s'ensevelissant comme Atala, dans les longs voiles blancs de sa virginité. Quant au fils, Lucien Paradol, il s'était tué déjà, lui aussi! Ne dirait-on pas de ces philtres étranges qui, se glissant dans les veines, se transmettaient de génération en génération, et auxquels croyait si fort le sombre mysticisme du quinzième siècle?

Il ne restait plus qu'un membre de cette famille sur laquelle s'est appesantie une inconcevable fatalité. Le seconde fille, esclave de la règle religieuse, venait de partir pour Alexandrie. Celle-là, la pauvre brisée, était, paraît-il, un peu plus mondaine que sa sœur. Ce ne fut probablement pas sans de grosses rancœurs qu'elle refusa l'offre si noble de Mme de Rothschild. J'imagine les souffrances qui durent torturer cette âme et les larmes qui durent brûler ces yeux. Elle s'était sentie écrasée par une force invisible et avait condamné ses jeunes lèvres à désapprendre le sourire. La voilà disparue maintenant! Quel est le drame qui a terminé la vie de la dernière des **Paradol**?

Et qui donc eût pu, il y a douze ans, prévoir cette série d'événements lugubres ? Paradol était un des rares élus, dans cette foule ardente qui vit de la pensée. On eût dit que la fortune l'avait marqué du signe des privilégiés. D'une origine un peu douteuse, pauvre d'abord, obligé de demander au travail de chaque jour le pain du soir, il s'était vu, en un clin d'œil, placé au premier rang. Lorsqu'il se brûla la cervelle, il était à cet âge où l'on se sent pleinement maître de soi, et où la vie offre encore de larges horizons, bien que les riantes chimères de la jeunesse soient envolées déjà. D'un coup de baguette, tout s'est écroulé. Il ne reste rien de tout cela, rien que trois tombes — et un impénétrable mystère. Oui, cette famille a été réellement maudite. Et pourquoi ? Il y a des jours où les truands de mon espèce sont tentés de considérer la providence comme une vieille farceuse.

MÉDAILLONS

M. WORMS

'il fallait absolument, selon la locution passée en force de proverbe, que quelqu'un portât le diable en terre, j'irais bien vite quérir M. Worms. Nul mieux que lui ne saurait remplir ce désagréable office. C'est un triste. Que dis-je ? un triste. C'est un lugubre. Le visage a des arêtes sèches, nettes, saillantes dans le bas. Les gestes sont brusques et saccadés. La démarche même est nerveuse et significative. C'est la démarche d'un homme que la vie a tordu et brisé. Démarche éloquente ! Les genoux de M. Worms ont l'air de dire : « Je vous aime, duchesse, d'un amour fatal. » Fatal, c'est là le mot. M. Worms a un paletot fatal, une cravate fatale, un gilet fatal et, qui sait ? peut-être des bretelles fatales. C'est la fatalité habillée en homme.

Notez que M. Worms est un artiste de valeur, de haute valeur. Je mets au défi n'importe quel comédien de Paris et des localités environnantes de remplir le rôle d'Olivier dans *Jean Baudry* ou de Nourvady dans la *Princesse de Bagdad* comme M. Worms. Les Werthers en complet bleu sombre, dont le type est l'objectif des bons jeunes gens du Conservatoire, ne courent point les rues. J'en vois bien qui s'essaient à ce jeu très difficile. Particulièrement, *j'en guette un petit de mon âge* — quand je dis *de mon âge*, c'est pour me conformer au « timbre » du Caveau — qui brûle du désir de marcher dans les bottines à faux boutons de M. Worms. Il s'appelle Chelles et fait du byronisme en chambre de l'autre côté de l'eau. Quelque bâtard que Taillade aura eu, sans doute, au temps de sa prime jeunesse !

C'est un emploi qui, depuis un M. Maillart dont m'ont parlé mes ascendants, est tenu forcément, j'allais écrire *fatalement*, — à la Comédie-Française. Le jour où la Comédie-Française manquera d'un comédien ayant la spécialité de la *passion contenue*, elle ne sera plus la Comédie-Française. C'est une clause du cahier des charges. L'Etat impose un certain nombre d'actes nouveaux par an, un chiffre donné de représentations classiques et — par surcroît — en façon d'épingles — réclame dix-huit exhibitions de *passion contenue*. Alors, vous comprenez, les sociétaires, qui tiennent mordicus à leur subvention, ont toujours dans un coin un stock de *passion contenue*. Ce stock, après avoir été un instant confié à M. Laroche, est maintenant sous la garde de M. Worms. N'empêche que ce comédien-là est de race et, dans *Jean Baudry*, nous a tous fait pleurer comme des veaux.

M. THIRON

Ah ! le fin, joyeux et charmant médaillon que c'est là ! Quel museau en l'air ! Quelle voix ! Quel trait qui porte ! C'est à la fois d'un art exquis et d'un naturel ravissant ! Point de soulignement ni de sort fait à une phrase ou à un mot. Cela vient naïvement, sans que l'artiste ait l'air d'y toucher, à la bonne franquette — *tout de gô*, comme disent les naïves gens de chez moi. Et phrase ou mot s'envole par delà la rampe et va se planter tout net dans la cloison de la dernière loge d'en haut. Un archer incomparable, je vous jure. Par dessus le marché, c'est le seul comédien du Théâtre-Français qui ait, à l'heure actuelle, l'inappréciable don de la *bonhomie*. Samson a laissé un enfant.

Il y a dans cette physionomie changeante et, partant, assez peu saisissable, — quelque chose comme les figurines en caoutchouc qui font la joie des bébés, — une belle humeur, une gaieté narquoise, un *vis comica* que je ne saurais décrire. Sainte-Beuve eût dit que c'était du « bon dans le meilleur ». Il est vrai que jamais on ne le remplacera en certains coins de rôle. C'est au quartier latin, lors de l'entrée à l'école de droit, que j'ai vu pour la première fois M. Thiron. Se rappelle-t-il ce rôle ? *Patanier*, dans les *Ouvrières de qualité*, pièce extravagante qui ne dura guère. Ah ! ce Patanier ! Nous étions là une bande de gamins de dix-sept ou dix-huit ans, frais échappés du collège, qui lui firent une fête dont il doit se souvenir. Nous applaudissions à déchirer nos gants — si nous avions eu des gants !

L'enfant chéri de la « jeunesse intelligente et studieuse des écoles » est devenu — à mon sens, du moins — un des plus distingués comédiens de Paris. Il n'est personne au théâtre, à part M. Coquelin aîné, qui soit aussi heureusement doué que lui. Il est doué, mais doué à miracle. Je ne sais si je cède trop aux souvenirs printaniers de l'étudiant, mais il me semble que je viens de tracer en vingt lignes le crayon d'un maître comédien.

[LE GÉNÉRAL DE GALLIFFET

C'était au bal Mabille, il y a plus de dix ans de cela, à je ne sais quel soir de Grand-Prix. Il était alors d'usage que la victoire d'un cheval anglais sur un cheval français ou d'un cheval français sur un cheval anglais fût fêtée de façon particulière. Si le cheval français avait battu l'odieux saxon dans un *rush* inattendu, les cœurs vraiment patriotes débordaient d'enthousiasme. Les vieilles dames qui, à droite de l'entrée, font tapisserie en suivant du regard les gens jeunes qu'elles entendent pousser dans la fâcheuse voie du conseil judiciaire, exultaient comme de petites folles. La revanche de Waterloo ! Elles n'avaient pu oublier l'affreux désastre et, ayant été à la peine, se montraient fières d'être à l'honneur.

Alors on envahissait l'orchestre. Tout ce que Paris comptait de mieux, le grand baron, le petit marquis, Pitou et Doublemard, s'emparaient des instruments et exécutaient des cacophonies insensées.

Le soir dont je parle, les Anglais — j'en tremble encore — avaient été vainqueurs. C'étaient les Anglais qui, le cerveau surchauffé par le genièvre, conduisaient la farandole. Tristes et la tête baissée, les crevés laissaient tomber leur monocle et pendre les mèches de leur coiffure à la Vierge. Cependant les victorieux menaient un tel tapage qu'une rixe était imminente à chaque seconde. Elle éclata, en effet. Ce fut une belle lutte et qui vivra longtemps dans la mémoire des hommes. Les cannes s'agitaient dans l'air, les coups de poings pleuvaient, les chapeaux volaient comme des caissiers. La maréchaussée dut intervenir. L'un des gardes mit la main sur le collet d'un homme qui, spectateur impassible, ne se mêlait point à cet étrange pugilat. « Qu'est-ce que c'est ? » dit l'homme en se retournant d'un mouvement brusque. Il dit le mot d'un tel ton de commandement et portant si haut la tête que l'autre murmura un « pardon » vague et se recula d'instinct.

C'était M. de Gallffet. Je le regardai curieusement, en adolescent qui a l'heur de contempler une grande figure parisienne, ainsi que s'exprimaient les reporters mondains. Pour nous autres, bambins à peine dévêtus de la robe prétexte, M. de Galliffet était une physionomie à nulle autre comparable. Songez donc ! Il avait eu d'éclatantes amours. Il s'était dagué avec M. de Lauriston. Et, quelques jours avant le soir dont je parle, il avait presque dépêché le prince Achille Murat d'un coup de rapière dans la poitrine. En fallait-il plus pour exciter nos juvéniles admirations ? Nous n'avions pu respirer le même air que M. de Caderousse. La Providence, dans son infinie mansuétude, nous permettait de frôler M. de Galliffet. Il me parut un être supérieur, sous son enveloppe de sous-officier endimanché.

Depuis, le destin a complaisamment savonné le mat de cocagne où M. de Galliffet rêvait déjà, sans aucun doute, de décrocher la timbale. L'homme de plaisir est devenu un laborieux. Je jurerais qu'il n'est pas du tout le « Providentiel » qui lit par-dessus l'épaule de M. Ignotus, au moment où notre confrère polit et repolit les métaphores que vous savez. Le caporal qui fume sa pipe devant le poêle d'une caserne, et qu'Ignotus appelle de tous ses vœux comme un sauveur, n'a rien de commun avec le brillant divisionnaire dont je trace un léger portrait. Il me paraît être l'homme du métier et du devoir. Rien de plus. Et ce rien-là est beaucoup. Peut-être, les choses du passé lui revenant à l'esprit, — et surtout au cœur, — pense-t-il souvent à l'avenir. A qui donc est-il défendu de devenir songeur en regardant la trouée du côté de Strasbourg ?

ANNA VANGHELL

Pourquoi ce nom-là vient-il sous ma plume? Est-ce parce que le bout de journal sur lequel j'appuie cette feuille de papier annonce l'engagement de cette jeune femme à je ne sais quel théâtre de Bruxelles? Est-ce un effet de l'association des idées ? Au moment même où M. de Galliffet, un peu indiscipliné ce me semble, se révoltait contre l'attouchement d'un garde de Paris, on jouait le *Petit Faust* aux Folies-Dramatiques. Il y avait là une toute jeune fille qui, fringante sous son travesti rouge, chantait d'une voix acidulée et pleine de charme les mélodies du compositeur toqué. C'était un Méphisto qui n'avait rien d'infernal, je vous assure. Elle avait, au lieu des regards *méfic-toi-Félix* qu'a célébrés l'épique Christian, de longs regards de velours noir.

Une tête plus bizarre que jolie. Le nez et le menton paraissaient vivre en bonne intelligence. Il y avait un peu de polichinelle dans ce masque fin. Les doigts longs, longs à n'en plus finir, rappelaient vaguement les personnages en bois qui se bâtonnent dans les théâtres des Champs-Elysées. Et avec cela une grâce exquise et pénétrante ! Cette voix, où l'on eût dit qu'il coulait un filet de vinaigre, avait des souplesses et des tendresses inattendues. Une artiste pour de bon dans cette chanteuse d'opérette ! Déjà elle avait occupé la critique lors du *Petit-Poucet*, où la romance de l'*Etoile* lui avait valu une ovation véritable. Après le *Petit Faust*, elle chanta la Fiorella des *Brigands* infiniment mieux que la créatrice du rôle, Mlle Aimée. Qui ne se la rappelle roucoulant les trois couplets des tourterelles amoureuses, dans la *Princesse de Trébizonde* ? Elle était en passe de prendre la succession de Mlle Schneider. Puis, tout d'un coup, plus rien : le silence autour d'une dédaignée.

Nous sommes les capricieux les plus étonnants du monde, Nous faisons et défaisons les réputations d'une main distraite. Ce qui nous plaisait hier cesse de nous plaire aujourd'hui, sans que nous puissions dire pourquoi. Il ne s'agit, m'objecterez-vous, que d'une pauvre petite diva d'opérette cruellement et injustement oubliée.

Eh ? mon Dieu, c'est qu'il en est de tout ainsi. Nous avons en art, en littérature, — en politique particulièrement, — la sauvagerie des enfants qui cassent leurs pantins après les avoir embrassés.

LOUISE MICHEL

On ne viendra pas me soutenir, j'imagine, que, comme les livres, les locaux ont leur destin. La salle du Tivoli-Vauxhall, dont le nom n'évoque guère que des idées de valses et de « cavalier seul » exécuté sur les mains, a dû être bien surprise, certain jour, en entendant résonner les vociférations d'une foule en mal de politique. Les polkas de Fahrbach étaient remplacées par les interminables théories du citoyen Castelnau. Au lieu d'offrir au public *Patte d'araignée*, *Feuille de rose* et autres valses enivrantes de M. Klein, les crieurs proposaient l'*Armée esclave et opprimée*, de feu Blanqui, et le *Paysan*, de Mlle Louise Michel. Un monde renversé. C'est encore Louise Michel, ainsi que vous ne l'ignorez pas, qui a été l'héroïne de cette petite fête de l'intelligence. La grande citoyenne — qui, entre nous, me fait l'effet d'avoir une gigantesque fêlure au cerveau, — a été acclamée d'enthousiasme par les deux ou trois mille badauds qui ont la prétention de représenter « le peuple » tout entier. Quand elle a paru, ça été un long murmure qui s'est éteint d'un coup, quelque chose comme le « silence au camp ! » dans la *Jeanne d'Arc* de Casimir Delavigne. Notez que Louise Michel, qui n'a jamais perdu son chat et s'en fait gloire, a un point de ressemblance indéniable avec la guerrière de Vaucouleurs et Mlle X***, du Gymnase. Elle est vierge ! Je n'ai pas l'honneur de connaître Mlle Louise Michel, mais j'ai vu sa photographie à une vitrine du boulevard Haussmann, entre le prince impérial et le comte de Chambord (un éclectique, le marchand !), et j'affirme que le voleur qui sera assez audacieux pour dérober tout ou partie d'un *capital* si pieusement conservé pourra être estimé un des plus robustes gaillards de son temps et fera pâlir le renom de ce fameux *Diego le dévirgineur* qu'a célébré Pigault-Lebrun, et qui ne connaissait pas d'obstacle.

Adonc, la pucelle de Belleville a remué les masses. Elle n'a parlé ni de République, ni de démocratie, ni de question sociale, mots qui nous sont chers et que nous ne laisserons jamais détourner de leur sens réel. Elle a fait un farouche appel aux plus déplorables passions, se grisant de vieilles phrases qui ont traîné partout *ad usum plebis*, et, comme il fallait s'y attendre, a remporté un succès colossal. Vous sentez bien qu'il n'a pas été un seul instant question du drapeau tricolore, drapeau des feuillants, des girondins et des bourgeois. Le drapeau rouge lui-même n'a pas trouvé grâce devant l'énergumène. A elle le drapeau noir, sombre emblème des souffrances, des deuils et de la mort ! Tous les gobe-mouches qui écoutaient cette triste femme ont avalé comme gâteau cette phraséologie surannée et ont voté un ordre du jour ainsi conçu : « Mise hors la loi du traître Gambetta et du ministère tripoteur. Ouverture du droit légal d'insurrection. » On voit que la pucelle de Belleville n'y va pas de main morte. Ne sait-on pas, d'ailleurs, qu'elle a son idée fixe à l'endroit de Gambetta et qu'elle a juré de le tuer comme un petit lapin ou, mieux, de l'*immoler*, pour parler la langue légèrement emphatique des assemblées populaires ? Ne sait-on pas qu'elle entend faire elle-même la besogne et ne veut se servir d'aucun fondé de pouvoirs, trop chaste pour employer à l'égard d'un séide les moyens de séduction dont usa la duchesse de Montpensier envers Jacques Clément, si nous devons en croire la sanglante et mystique chronique de la période des Valois ?

 Le droit de réunion est un droit que nous avons toujours soutenu, et de la façon la plus énergique. Les excès auxquels il donne lieu en ce moment-ci ne nous feront pas revenir sur une opinion nettement arrêtée. Il convient que le pouce du temps arrondisse les angles d'un peuple encore dénué d'éducation politique. Ce n'est pas sans difficulté que le meeting anglais a pu s'établir et être librement pratiqué. Le terrible Protecteur, qui devait au meeting sa situation sans précédent dans l'histoire anglaise, supprima trois fois ce droit que lui-même avait déclaré primordial. Ce n'est qu'à la longue et à l'usé, comme on dit, que le meeting parvint à prendre son rang dans les mœurs de nos voisins. Il a fallu tout un siècle, tout le dix-huitième siècle, pour que ces assises populaires reçussent une sorte de sanction. Or, ici, voyez où nous en sommes. Il est hors de doute que si, il y a trois jours, une centaine de fanatiques s'étaient rendus à l'Elysée, sous la conduite de la belliqueuse pucelle, afin d'exiger du Président de la République, conformément au programme convenu, la grâce de Nourrit et de Berezowski, la police n'aurait point laissé passer et laissé faire. Puis, qui sait ? Une bagarre, une collision, une mort d'homme peut-être — et une promenade de cadavre. Avant de crier que je pousse les choses au noir, lecteurs, ouvrez l'histoire de nos quarante dernières années.

Eh bien ! il importe que le peuple, le peuple intelligent et travailleur, le vrai peuple, qui a parfaitement le droit de tenir des assemblées et de discuter la chose publique, ferme l'oreille aux excitations intéressées d'une foule de bonshommes sans principes qui, posent tout simplement des jalons pour une candidature à venir. Observez que pas un député, pas un journaliste connu, pas un personnage sérieux n'a assisté à ce grotesque meeting. Un seul homme de talent, si j'ai bien su lire le compte rendu, M. Émile Gautier, a donné une note éloquente dans ce concert d'insanités. Il est clair que le citoyen Gautier n'était pas là à sa place. Inutile d'ajouter que l'éternel incident du *mouchard* s'est produit. Le mouchard, ce mouchard vieux comme Mathusalem, n'est autre que le premier venu qui a le mauvais goût d'être choqué par quelque violence sans rime ni raison. En fin de compte, l'ovation a été droit à Mlle Louise Michel. Néanmoins, un citoyen irrespectueux, l'esclave insulteur de l'ancienne Rome s'est écrié : « Mais c'est de l'aliénation mentale ! » Le citoyen irrespectueux me paraît avoir sagement résumé la situation.

On ne m'ôtera pas de la tête qu'il y a de l'aliénation mentale dans le cas de Mlle Louise Michel. Elle est arrivée à un éréthisme cérébral d'une si singulière intensité qu'il faudrait fouiller sa vie pour pouvoir expliquer cet état pathologique. Je ne me dissimule pas que les applaudissements de la foule entrent pour quelque chose dans cette folie, qui n'est pas aussi inoffensive que le veulent croire les optimistes. Quand Louise Michel remonte la grande rue de Belleville et que les mères de famille la montrent du doigt à leurs petits enfants, en disant d'une voix brisée par l'émotion : « Tiens, voilà la *grande citoyenne !* », il est certain que la pauvre toquée se sent enveloppée comme d'une longue caresse et s'attache avec plus d'ardeur que jamais à son œuvre insensée.

Où l'observateur s'embrouille tout à fait, c'est quand il essaie de rechercher le point de départ de cette haine féroce contre l'humanité. On a conté plus d'une anecdote sur la jeunesse de Louise Michel. Ces légendes-là, qui ont de l'extraordinaire et frappent les imaginations, sont toujours accueillies avec faveur par la crédulité populaire. Qu'y a-t-il de vrai dans ces bavardages si facilement colportés ? Je l'ignore. Il est possible, après tout, que cette sauvagesse, jetée au début de la vie dans une famille de patriciens, ait éprouvé de cruels mécomptes et de rudes souffrances. « Il est des heures qui font les Robespierre », a écrit Stendhal en narrant une petite, une toute petite humiliation de son héros, Julien Sorel. Il s'agissait, si je ne me trompe, d'un salut rendu avec mauvaise grâce au jeune secrétaire par le comte de Caylus, devant Tortoni. Le cœur humain a de ces bêtes et honteuses colères.

Je me hâte d'ajouter, quoique Mlle Louise Michel appartienne largement à la discussion et relève sans conteste de notre droit de plaisanterie, que je n'insiste pas. J'ai du reste touché ce point-là un jour, en exprimant la crainte, bien naturelle chez un timide gazetier, que la nouvelle Théroigne ne me traitât un de ces quatre matins à la façon de l'infortuné Suleau. Quelle que soit l'origine de cette male rage poussée à état aigu, il est indiscutable que nous nous trouvons en présence d'une tricoteuse, d'une vésuvienne toute disposée — et elle n'en fait pas mystère — à remplir à l'occasion, avec infiniment de gaieté et d'entrain, le rôle connu de « furie de la guillotine ». J'ai lu d'elle des pages qui respirent le sang, et qui me font regretter une fois de plus que la femme n'ait pas été créée et mise au monde pour n'écrire que son compte de cuisinière et son livre de blanchisseuse.

Car c'est, hélas ! la question toujours pendante du rôle de la femme dans la société, qui est en jeu ici. Soyons francs et avouons que, lorsque nous parcourons tel journal fondé pour la défense de l'émancipation féminine ou que nous écoutons les tirades littéralement monstrueuses de Louise Michel, nous ne nous sentons guère portés à défendre une cause séduisante en apparence, mais dont le succès ferait de la France une République de féerie, prévue jadis par les frères Cogniard dans leur *Royaume des femmes*. Voyez-vous d'ici le ministère de l'intérieur occupé par Louise Michel, le ministère des finances par Mme Rouzade et le ministère de la guerre par Mlle Hubertine Auclert, ravissante jeune fille qui réclame ardemment pour les personnes de son sexe le privilège d'être soldats ? J'ai vu jadis, à l'Opéra, la belle Mlle Montaubry en hussard, dans je ne sais quel ballet, et j'avoue qu'une armée de cette farine serait très capable de donner des distractions aux libidineuses cohortes du chancelier de fer. Mais ça ne serait pas sérieux. Ah !

bonté divine ! quels cœurs déplacés et quels cerveaux à l'envers ! Quelles existences brisées, surtout ! Tenez, je parlais tout à l'heure de la photographie de Louise Michel. Regardez-la. Ne vous occupez pas des cheveux qui pendent, des yeux qui semblent sortir de l'orbite, des allures garçonnières et de la pose théâtrale que Louise Michel a affectées devant l'objectif du photographe. L'ensemble est bien celui que j'ai raillé, mais, à l'examen, on démêle des traits d'une forte ligne et non vulgaires. Il y a une intelligence dans cette boîte osseuse-là, une intelligence réelle, fâcheusement dévoyée, obscurcie et jetée à la borne. La malheureuse créature ! N'aurait-elle pas mieux rempli sa tâche en faisant des bébés, en les aimant, en les élevant, en les instruisant, au lieu de passer sa vie à agiter de ridicules sophismes et à vaticiner dans les bastringues comme une vieille chouette en délire ?

UN POINT D'HISTOIRE

Es mémoires de Barras sont à l'ordre du jour. Ils vont paraître, à ce qu'on assure. La publication n'en a été retardée jusqu'à ce jour que par de respectables scrupules. Le dépositaire de ces mémoires, le comte de Saint-Albin, avait laissé trois enfants : Hortensius de Saint-Albin, mort il y a cinq ans; Philippe de Saint-Albin, mort il y a deux ans, et Mlle Hortense de Saint-Albin, aujourd'hui veuve de M. Achille Jubinal. M. Philippe de Saint-Albin était bibliothécaire de l'impératrice Eugénie, Mme Achille Jubinal était fort bien vue en cour et appartenait au monde officiel du second empire. Comme les mémoires de Barras renferment des détails singuliers sur les premières amours de Bonaparte et de Joséphine, Mme Achille Jubinal a attendu jusqu'à la dernière heure avant de livrer au public des pages qui très probablement, et pour parler le

style de l'époque « déchireront bien des voiles ».
Elle s'y résout enfin. Nous ne saurions trop la
féliciter de cette décision, estimant que l'intérêt
supérieur de la vérité historique passe de beaucoup avant les petits intérêts des personnes. J'ajouterai toutefois, et sans vouloir chagriner une
minute Mme Jubinal, que ces scrupules, pour honorables que je les reconnaisse, doivent étonner
un peu dans les Champs-Elysées le citoyen Rousselin, son père, jacobin ardent, dantoniste exagéré, qui avait jeté bas comme une guenille son
titre de comte de Saint-Albin et qui, nommé
commissaire civil dans l'Aube, laissa à Troyes —
quoi qu'en dise le « carton rectificatif » de Guérard — le souvenir d'une aménité douteuse.
Mais n'allons pas troubler l'ombre du vieux terroriste !

Le point que je veux toucher est le fameux
coup de pistolet de Robespierre. Robespierre a-t il
tenté de se suicider ou a-t il reçu un coup de feu
du gendarme Merda ? Telle est la question qui
depuis quatre-vingt-sept ans, passionne et divise
les historiens. S'il faut en croire M. Claretie, qui
a eu l'inappréciable bonne fortune de feuilleter
le manuscrit dont Mme Jubinal est maintenant
l'unique propriétaire, Barras pencherait pour le
suicide. Outre que nous sommes appelés, je le
crains bien, à lire dans les mémoires de Barras
plus d'une appréciation contestable, je serais curieux de savoir de quelles preuves le directeur

peut appuyer son dire. S'il y a là une révélation inattendue, nous courberons la tête. En attendant, et je suis charmé que Claretie soit de cette opinion-là, nous persisterons à n'admettre que le coup de pistolet du gendarme Merda.

Remarquez tout d'abord que la version du coup de pistolet ne rencontra pas un seul incrédule au moment même où elle se répandit dans Paris. Ivre de son triomphe, la réaction thermidorienne fit de Merda un demi-dieu. Pour un peu, la Convention lui eût voté une couronne civique. Ce n'est qu'après coup que s'est formée la légende du suicide, légende mélodramatique, qui semble un écho de la vieille Rome, mais qui, jusqu'à plus ample informé, me paraît radicalement inacceptable. M. Thiers l'a acceptée avec sa légèreté habituelle et l'a propagée dans les classes bourgeoises. Or, je me souviens que notre professeur Ch. Weiss avait eu entre les mains la première édition de l'*Histoire de la Révolution française*, de M. Thiers, première édition à peu près introuvable. L'aimable homme (c'est Weiss que je veux dire) n'en revenait pas. Il levait les bras au ciel et poussait de vagues exclamations. Quoi ! On avait donc arraché des pages ! Non. Ces pages n'avaient jamais existé. IL N'ÉTAIT PAS PARLÉ DU SIÈGE DE VERDUN! M. Thiers ne prononçait pas le nom de Beaurepaire ! Quelle foi voulez-vous accorder à un historien de cet acabit ?

Presque tous les autres historiens repoussent le suicide. Ils ont d'autant plus raison que pas une pièce, pas une déposition, pas un argument, rien, absolument rien ne vient à l'appui de cette incompréhensible légende. Je vais essayer d'expliquer brièvement comme quoi il n'y a guère d'admissible que le coup de pistolet de Merda. La partie était perdue. Robespierre, véritablement frappé de vertige depuis la fin de prairial, avait l'air d'ignorer la terrible gravité de la situation. Formaliste avant tout, il allait signer un appel adressé à la section des Piques, quand les corridors et les escaliers de l'Hôtel-de-Ville retentirent d'un bruit violent. C'étaient les conventionnels. Robespierre s'arrêta. On sait que les deux premières lettres de son nom : *Ro*, furent seules apposées sur le papier. Robespierre ne devait plus rien écrire. Que s'est-il passé à ce moment ?

Je ne me dissimule pas qu'en présence de l'embarras des historiens il y a quelque imprudence à donner son avis sur un cas pareil. Barras, Bocher, le concierge de l'Hôtel-de-Ville, l'anonyme de la section de l'Indivisibilité, Merda, tous sont en désaccord. Tâchons, au moins, de dégager les probabilités. Il est à peu près certain que les trois premiers personnages qui se présentèrent furent Merda, l'agent Dulac et Merlin de Thionville. Pour Merda et Dulac, le fait est quasiment avéré. On a nié un instant que Merlin de Thionville fût au nombre des premiers envahisseurs.

Il a fallu pourtant se rendre à l'évidence, lorsqu'il a été prouvé que Henriot s'était précipité sur lui et l'avait accablé de coups de poings dans la figure. Léonard Bourdon était-il là? Je serais tenté de le croire. Un peu intimidé d'abord, Léonard Bourdon, qui était venu avec la section des Gravilliers, s'était retiré par delà le pont Notre-Dame. Puis, subitement, il quitte les citoyens de la section des Gravilliers. Et on le retrouve à l'Hôtel-de-Ville. Ce maître d'école était un Normand cauteleux, mais non ennemi des coups de force. Il s'est beaucoup vanté d'avoir été au premier rang. Peut-être chantait-il une fois la victoire gagnée, tout comme Panurge faisait le bon compagnon — après la tempête!

Les partisans du suicide ont énergiquement contesté la relation de Merda et de Dulac. Suivant eux, Merda était un garçon de dix-neuf ans, hâbleur, vantard, assez peu digne de foi. La vérité est que c'était un brave soldat, qui gagna ses grades un à un à la pointe de son sabre, et mourut en 1812, non général, comme le dit mon confrère Claretie, mais lieutenant-colonel et baron. Quant à Dulac, je l'abandonne volontiers. Gentilhomme dévoyé, aventurier de bas étage, réduit à devenir *observateur*, c'est-à-dire mouchard, du comité de sûreté générale, Dulac ne m'inspire qu'une confiance médiocre. Sénart, le secrétaire-rédacteur dudit comité, nous le montre sous un assez vilain jour dans ses *Révélations*, écrites dix-huit mois après le 9 Thermidor et publiées seulement en 1824. Quoi qu'il en soit, le récit de Dulac est très net, très cohérent et corrobore la tirade emphatique que crut devoir débiter Léonard Bourdon quand il présenta Merda à la barre de la Convention nationale.

Puis, il est un fait qui relève du simple bon sens. Il est clair que Merda n'entra pas seul dans la salle où se trouvaient Robespierre, Saint-Just et les autres. Henriot l'eût écharpé. Comment se fait-il que, lorsque Léonard Bourdon affirma que « ce jeune homme avait *tué* le tyran », il ne s'éleva pas l'ombre d'une protestation ? Les camarades ne lui auraient certes pas laissé la gloire de l'aventure. Je fais peu de cas de l'étrange argument qu'on prête à Barras : la Convention ne pouvait pas charger d'un rôle considérable un enfant, simple soldat, et ne se recommandant par rien. Quelle faribole ! A coup sûr, la Convention n'avait pas donné d'ordre à Merda, dont elle ne soupçonnait même pas l'existence. Mais, dans cette formidable nuit du 9 au 10, où étaient les chefs, où étaient les soldats ? N'était-ce pas le comble du trouble ? Et chacun n'agissait-il pas à sa guise ?

Si j'avais besoin d'une preuve plus décisive pour combattre cette hypothèse du suicide, — admise je ne sais pourquoi, par un des écrivains qui connaissent le mieux l'histoire de ce temps, M. Ch. d'Héricault, — je la chercherais et je la trouverais dans le caractère même de Robespierre et dans la situation d'esprit où il était depuis plus d'un mois. Il ne convient pas de s'en rapporter aux lithographies connues. Physiquement, Robespierre était petit, marqué de petite vérole, les yeux protégés par des lunettes bleues, d'une complexion faible et éternellement trahi par ses nerfs. Il n'avait pas « ce courage de la réflexion » que Saint-Just portait à un si haut degré. Il avait eu réellement peur des ciseaux de la petite Cécile Renault. Un tel homme ne se tue pas, même dans un accès de fièvre. Sans compter que Robespierre n'eut pas cet accès de fièvre et que, par une singulière aberration du cerveau, il se jugea jusqu'à la dernière seconde maître de la position.

Depuis le commencement de messidor, et malgré sa signature donnée deux ou trois fois, Robespierre n'allait plus au Comité de salut public. Il vivait rue Saint-Honoré, préparant je ne sais quel coup de théâtre, replié sur lui-même, entouré des adulations, des adorations devrais-je dire, de la vieille Chalabre et de la famille Duplay. Il avait perdu la netteté de son jugement. Cela est si vrai qu'après la séance du 8, séance où le décret qui ordonnait l'impression de son discours fut rapporté sur la motion de Bréard, il ne se rendit pas compte du volcan sur lequel il posait le pied et rentra à son logis tout joyeux, affirmant à Virginie Duplay — Virginie-copeaux —

qu' « il tenait la Convention dans sa main ». Il *rêva* jusqu'à l'apparition du gendarme.

De tous les hommes qui jouèrent un rôle à l'Hôtel-de-Ville durant cette inoubliable nuit, un seul était capable de se tuer, Lebas. C'était une nature énergique et propre aux résolutions soudaines. En fait, ce fut celui-là seul qui se tua net. Il se logea une balle dans le cœur. Et le malheureux était père depuis huit jours ! Quelle stupéfiante époque ! Le jour même, en pleine Convention, pendant que l'implacable sonnette de Thuriot le poursuivait, Robespierre avait jeté un regard sur les tribunes, avait tiré un canif de la poche de son gilet et l'avait à plus d'une reprise tourné dans ses doigts, comprenant — mais très vaguement — une catastrophe imminente et se demandant sans doute « l'effet que produirait la comédie du suicide » sur cette masse incertaine et oscillante. Il s'était hâté de rengainer son canif. Je comprends le suicide de Lebas ; je comprends le suicide antique d'un girondin ; j'aurais compris le suicide de ce gigantesque Danton. Le suicide de Robespierre m'apparaît comme une pure plaisanterie.

Il va de soi que je n'ai entendu traiter ici qu'un point d'histoire, sans m'inquiéter aucunement de politique. Je ne pense pas qu'il y ait place dans ce grandiose et lamentable drame de thermidor, pour l'hypothèse du suicide de Robespierre, si témérairement accueillie par quelques-uns. Officiellement, Robespierre a reçu un coup de pistolet du gendarme Merda. Le rapport, inséré au *Bulletin* eût pu être démenti. Il ne l'a pas été. Personne n'a tenté d'enlever à Merda la *gloire* de ce coup de pistolet, précisément à l'heure où tout le monde se targuait d'avoir abattu le « tyran ». Et Merda n'avait pas pénétré seul dans la salle de l'Hôtel-de-Ville ! De plus, je le répète, Robespierre n'était pas l'homme de ces hardies déterminations. Attendons les mémoires de Barras. Encore un coup, si Barras nous apporte une preuve tangible, nous nous inclinerons — avec étonnement. Si, au contraire, il ne nous apporte que le piètre argument que j'ai indiqué plus haut, nous l'estimerons une simple puérilité.

M. CARO

J'ai relu avec une stupeur toujours croissante l'article que M. Caro, dit l'*aimable*, comme Chopart, a publié dans la *Revue des Deux Mondes* sur la critique contemporaine. L'article, qui n'est pas sensiblement malpropre, ne tient pas beaucoup de place. Une vingtaine de pages tout au plus. On voit que le représentant de l'école philosophique française (*proh pudor!*) a « daigné » écrire quelques feuillets. La famille Buloz tout entière était à ses genoux. L'homme aux gestes onctueux s'est laissé faire violence. Tel Rossini, mis sous verrous par un impresario, se débarrassait du drôle en bâclant un chef-d'œuvre. Le curieux est que M. Caro (Edme-Marie pour les vieilles dindes du *Monde où l'on s'ennuie*) ne vise au fond, dans cet article où il y a du venin de pédant, le pire des venins, que M. Pailleron. « M. de Tocqueville, dont il est de mode, je ne

sais pourquoi, de se moquer aujourd'hui.... »
laisse échapper M. Caro. C'est un bout d'oreille.
A vous, touché, Pailleron ! En fin de compte,
c'est sur notre dos que M. Caro se venge des tant
jolies épigrammes de l'autre. Il ne pouvait décemment crosser M. Pailleron en pleine *Revue des Deux Mondes*. Pensez donc ! Le gendre de l'établissement !

Il me semble que M. Caro devrait se montrer indulgent au pauvre monde, par cela seul qu'il a eu une fortune inespérée et due à de singulières causes. J'ai mémoire que, du temps où nous faisions notre « logique », nous nous racontions avec des airs singuliers et admiratifs la carrière aussi rapide que brillante de Caro et de Desjardins. Nos braves et sévères maîtres, Bétolaud, Toussenel, J. Girard, dont nous avons conservé un souvenir profond et presque pieux, faisaient leurs classes de façon austère et gagnaient leurs quatre cents louis par an — au plus. Eux, cependant, les Caro, Desjardins, Gaston Boissier et autres, muguets de la jeune école, papillonnaient dans les salons officiels de l'époque et décrochaient toutes les faveurs. Un dîner chez *la bonne princesse* et une sauterie à Compiègne faisaient plus pour leur avancement qu'une longue pratique universitaire. Nous nous murmurions ces choses en ouvrant de grands yeux. En réalité, c'étaient là des plaisantins.

C'est à M. Rouland, ancien procureur général,

bombardé ministre de l'instruction publique, — on ne sait pourquoi, — *quamvis ex alieno jure advocatum, te verè suum salutat Universitas!* criait, peut-être malicieusement, en pleine Sorbonne, le professeur de rhétorique chargé du discours latin, — c'est à M. Rouland que M. Caro est redevable de sa carrière. M. Rouland, bien qu'il parlât [auvergnat, n'était point un méchant homme. Il avait une horreur profonde de son ridicule prédécesseur, M. Fortoul, et ne répugnait point à un doux libéralisme. Fondant la *Revue européenne*, il s'entoura de jeunes universitaires et manda M. Caro, de la faculté de Douai, où déjà le malicieux s'était rendu cher aux dames par des effets de cuisse renouvelés de Saint-Marc Girardin. Professeur à l'Ecole normale, hissé à la chaire de Jouffroy, M. Caro enseigne depuis vingt ans cet éclectisme sans péril qui ne demande qu'une érudition banale, n'exige aucune conviction personnelle et « convient merveilleusement aux médiocrités vaniteuses ». Il a chaussé les souliers éculés de Cousin. En matière de philosophie, l'Angleterre dit : Herbert Spencer ; l'Allemagne dit : Buchner ; et nous, nous qui avons eu Littré, nous disons : Caro ! Ah ! si l'Europe nous l'envie, qu'elle nous le prenne et ne nous le rende pas !

Mais j'oublie que c'est de l'article de la *Revue des Deux Mondes* qu'il est question. Il commence par la phrase large sans laquelle on n'est point admis dans la maison. « C'est un fait notoire, pour tous ceux qui observent les révolutions du goût et qui étudient les mœurs littéraires, que la critique de notre temps est réduite à un état de médiocrité et d'impuissance où on ne l'avait jamais vu. » Tel est le point. Vous imaginez sans peine les déductions. La critique se meurt, la critique est morte, clame sur tous les tons le bon M. Caro. Il nous reproche de lire à la vapeur et de juger à la diable. S'il l'en faut croire, les « improvisateurs de la presse » ne sont point fondés à donner leur avis. La lecture d'un livre est une occupation quasiment sainte. Il faut être en état de grâce, avoir jeûné et s'être recueilli sur la montagne avant d'ouvrir un in-octavo. Les parpaillots de notre espèce, qui se permettent de feuilleter l'*Idée de Dieu et ses nouveaux critiques* ou *Flamen* en fumant un cigare, sont d'abominables drôles. Entre nous, je pressens l'heure où le philosophe à la culotte beurre frais demandera carrément qu'on nous chasse du temple.

« Pour apprécier un livre, il faut en connaître vingt autres avec lesquels celui-là a des points de contact. Quel est l'écrivain de ces feuilles légères qui consentirait à s'imposer une telle fatigue, tant de temps et de soins perdus pour lui-même et au profit de qui, au profit du journal ? Mais le journal supportera impatiemment une élucubration sérieuse. Au profit du public distrait et frivole, qui probablement ne le lira pas ? Qu'on nous ramène donc à l'anecdote, et tout le monde sera content. Le critique, devenu *reporter*, racontera par le menu comment est meublé le cabinet de travail de l'écrivain, à quelle heure il se lève, à quelle heure il sort, quelles personnes il voit, dans quelles intimités il vit. S'il ne sait rien, il invente. Il lui reste toujours la ressource d'étudier la physionomie de l'écrivain, ne fût-ce que sur une photographie ; d'en induire son caractère, son esprit, les particularités de son talent ; et voilà comment, à propos d'un livre qu'on ne lit pas et d'une œuvre qui n'est même pas discutée, se débitent de prétendus portraits littéraires qui ne sont, selon le talent du critique, que de brillantes ou puériles fantaisies d'esprit. »

Voilà en quels termes dédaigneux l'impeccable M. Caro fait justice de ces pleutres de gazetiers. J'avoue que c'est ce passage de l'article qui m'a piqué au vif. Ou M. Caro ne déplie jamais un journal, ou M. Caro nous calomnie sciemment. C'en est fait, mes confrères ! Nous sommes purement et simplement de braves gens auxquels un entrepreneur de journal paye une voiture à la journée, afin que nous allions chez les concierges de la Grand'Ville prendre sur le *modus vivendi* des romanciers, des auteurs dramatiques et des débitants de philosophie éclectique, les renseignements qui peuvent intéresser le lecteur frivole. Il est clair que le quinquagénaire *patito* de Mme de Loudan nous prend pour des manières de garçons de bureau, des valets de basses œuvres, des maroufles qu'on sonne. Banville, Monselet, Wolff, Villemot, Scholl, Richepin, Silvestre, souvenons-nous que nous ne sommes que poussière. C'est M. Caro qui nous le fait savoir. Pour un rien, car la caque sent toujours le hareng, l'ancien professeur du collège d'Angers, tiré de pair par un cavalier seul élégamment exécuté chez un vieux bas-bleu du second empire, nous donnerait de la férule sur le bout des doigts.

Ah! que Daudet l'a connu, ce M. Caro, lui ou quelqu'un des siens! L'article de Daudet, que j'ai lu il y a bien longtemps, se trouve-t-il dans un volume? Je l'ignore. Daudet racontait les horribles petites misères d'apprenti-professeur en province. Avec quelle finesse, avec quelle justesse de touche, quelles souffrances cachées, — quelles ressouvenances peut-être, — je serais impuissant à le dire. De ce fond sombre il détachait une silhouette joyeuse : le professeur de seconde, un gars bien découplé de vingt-six ans, sorti de la rue d'Ulm et frotté aux belles façons, allant le samedi roucouler d'une voix de tête des romances langoureuses chez *la dame* du sous-préfet ou du receveur d'enregistrement. Licencié tout juste — mais adorable! Durant que les vieux, blanchis sous le harnois, commentaient Tacite et tâchaient d'en faire pénétrer les sombres beautés dans l'âme des enfants de seize ans pressés autour de la chaire, lui, le bellâtre, la classe faite en un tour de main, courait étonner les *salons* de la localité par un gilet « caca-dauphin », chef-d'œuvre d'un tailleur de la *capitale*. Daudet a-t-il hanté où s'étalait le bel air de M. Caro ? Je serais tenté de le croire. Aussi bien, les Caro sont de tous les temps.

Critique, M. Caro l'est à sa manière. Et cette manière là est étrange, je vous le garantis. Je sais bien que je vais faire tressauter les « belles mondaines », clientèle ordinaire du professeur à la mode. Au vrai, les belles « madame une telle », donneuses de lavements du prédicateur en veston, me sont absolument inconnues. Un ami à moi, fort répandu dans ce monde grotesque (je veux bien que le loup me croque si cet animal-là n'est pas un jour député), m'a montré un soir de première représentation, la belle madame Z....., une belle madame très en renom. Quelle surprise, Dieu juste ! La Vénus de Milo en aurait, du coup, reperdu ses deux bras. La belle Mme Z... ressemblait à Lhéritier, du Palais-Royal. Eh bien ! belles mesdames X.... et Y..., je vous le déshabillerai une bonne fois, votre critique. Ne rougissez pas, ravissantes liseuses de revues à couvertures jaunes ou bleues. Je parle au figuré. Je vous montrerai nu comme ver — toujours au figuré — le critique qui a jugé le *Rouge et le Noir* de Stendhal. Et après cela, si sa peau vous tente, — c'est que vous aurez le diable au corps !

En somme, le cas de M. Caro est simple. L'Université, qui a tant de côtés séduisants, a le terrible privilège de mettre sur l'épaule des siens une marque indélébile. Pions ils sont, pions ils demeurent. Et c'est pour la vie : ils meurent pions. Rigaud et About eux-mêmes n'ont pas échappé à la loi commune. Lisez cette philippique de la *Revue des Deux Mondes*, lisez-la à tête reposée, consciencieusement, entre les lignes. Ça pue le pion à vingt pas. Nous sommes, mes camarades, sermonnés par un pion qui nous hait. C'est proprement une mercuriale. En vain M. Caro essaie-t-il de prendre des airs de petit fou ou de dolentes mines de mondain fatigué. Il est pion dans l'âme. Entendez-moi : ce n'est pas le pion de la légende, pion aux cheveux hirsutes, aux ongles lisérés de noir, au pantalon lustré. Nous sommes en présence du pion nouveau jeu. M. Caro est un pion joli comme tout, pour qui le demi-bain n'a plus de secret, qui se fait accommoder chez le coiffeur, qui agite mollement une dextre travaillée par le manucure, un pion décrassé des pieds à la tête, — mais c'est un pion.

M. HÉROLD

Faire métier d'homme politique est bien le plus abominable métier qu'il y ait au monde. L'homme politique n'a même pas le droit de mourir tranquille. Lorsque le passementier, l'humble et laborieux passementier expire dans son arrière-boutique, assisté ou non d'un ministre de l'Évangile, il y a quelque douleur autour de lui. La passementière et les petits passementiers versent des larmes à peu près sincères, et que nul ne vient troubler. Le portier est convenable et proclame que le défunt était un brave homme, bien qu'un peu *regardant* au jour des étrennes; les voisins ont une attitude de circonstance et parlent bas sous la porte cochère tendue de noir; la passementerie est digne. Le spectacle est banal, médiocrement touchant, de tous les jours. C'est la mort, mon Dieu, la bête mort, pour laquelle nous naissons, avec son cortège vulgaire d'indifférents polis. En tout cas, le scandale ne s'y mêle point. Dès qu'il s'agit d'un trépassé politique, il en va d'une autre allure. Le cercueil est couvert de boue ou de fleurs, parfois de boue et de fleurs en même temps, assailli d'injures ou de chants dithyrambiques. L'homme politique n'a pas la faculté de quitter paisiblement notre vallée de misères, tout comme le regrattier au coin. Ah! le malheureux! il a bien mérité son « éternel champ de repos! »

Lorsque M. Thiers, une des physionomies les plus complexes et les plus douteuses de ce temps-ci, rendit subitement son âme à Celui de qui dépendent les rois, les bergers et les méchants historiens, ce fut un brouhaha épouvantable. Nous étions alors en pleine tentative du 16 Mai. La famille de M. Thiers, prodigue pour la première fois, repoussa d'un geste noble les offres du gouvernement et fit au défunt de splendides funérailles. Toute la France libérale assista de cœur à ces funérailles-là. Cependant, quelques énergumènes de la presse se prirent à danser une ignoble pyrrhique sur ce cadavre. Peu de temps après sonna l'heure de la revanche. Un infortuné jeune homme, irresponsable des nombreuses âneries de son père, le prince impérial, tomba sous la hache idiote d'un zoulou. Ce trépas ultra mélodramatique eût dû désarmer les haines. Ah! ouitchte! Vous connaissez bien peu nos politiciens! On outragea l'enfant comme on avait outragé le vieillard. Je crois, Dieu me pardonne que la politicomanie nous ramènera, un de ces quatre matins, à l'état sauvage. Voici venir, aujourd'hui, le tour de M. Hérold.

La mort de M. Hérold a été inattendue. On le savait souffrant d'une assez fâcheuse maladie d'estomac et l'on se répétait que le malade, alité depuis peu, aurait sans doute une convalescence fort dure. Rien ne faisait prévoir une fin aussi rapide. Au moment même où le *Journal officiel* annonçait sa promotion au grade d'officier de la Légion d'honneur, le préfet de la Seine râlait sur son lit, se redressait subitement, demandait une plume, essayait de tracer je ne sais quels vagues caractères, puis, impuissant de la définitive impuissance, retombait inerte et exhalait son dernier souffle dans une suprême contraction d'agonie. Vous imaginez les sanglots d'une famille réellement frappée comme par un coup de foudre. Hérold, un des combattants du bon combat, alors que les hasards de ce bon combat pouvaient jeter le vaincu en exil, de par la loi de sûreté générale, ou dans une petite chambre de Sainte-Pélagie, en vertu d'un de ces jugements que ne savaient jamais refuser les Delesvaux de l'empire, Hérold n'avait pas encore cinquante-quatre ans révolus. Il a été abattu dans le complet épanouissement de sa vigueur.

Je n'ai pas à retracer la biographie de M. Hérold. Cette biographie, vous la trouverez dans tous les *Larousse* et tous les *Dictionnaires de la conversation* des cabinets de lecture. La vie publique d'Hérold, je parle au point de vue du fonctionnarisme, n'a commencé qu'au moment de la tourmente de 70. Jusque-là, il avait été un des lutteurs du Palais de Justice, lutteurs que les intransigeants vont appeler bientôt des « vendus et des ventrus », et qui firent obscurément, mais noblement, leur devoir de citoyens. Le Palais de Justice a été, depuis 1852 jusqu'à 1868, le seul boulevard de la liberté traquée. Pendant que le peuple, encore sous la terreur du sac de la maison Sallandrouze et du canon de la rue Beaubourg, demeurait muet et sombre; pendant que la presse, muselée par le régime des trois avertissements et de la suppression administrative, ne pouvait donner place qu'aux allusions si fines mais si inoffensives de Paradol, aux malices empennées de J.-J. Weiss et aux boutades contenues de Nefftzer; pendant que les vieux de la période orléaniste potinaient dans trois ou quatre salons surveillés et, lettrés jusqu'au bout des ongles, se contentaient d'exhaler leur douleur platonique en ouvrant Tacite et en traduisant, non sans élégance, l'entrée des Vitelliens dans Rome; le Palais de Justice, lui, le Palais, qu'on eût dit encore hanté par l'ombre de Broussel et d'Espreménil, luttait vigoureusement et, à de certains jours, faisait passer un frisson dans la moelle des sceptiques impertinents qui nous avaient mis le pied sur la tête. Les anciens, Sénard, Favre, Hébert, Crémieux, et, après eux, Hérold, Cléry, Laurier, Gambetta, d'autres dont le nom ne vient pas sous ma plume, tinrent haut et ferme le drapeau des vieilles franchises, un instant souillée de sang et d'immondices. C'est une grande et inoubliable page dans l'histoire du barreau parisien.

Ayant été à la peine, il était juste qu'Hérold fût à l'honneur. Quoi qu'on en ait dit, Hérold était modeste et ne tentait guère de se hisser aux grandes places. Quand, après la retraite du maréchal de Mac-Mahon, il fut appelé à occuper la situation de M. Ferdinand Duval, il hésita longtemps, à ce que m'a conté quelqu'un qui l'a beaucoup pratiqué et connaissait bien ses pensées de derrière la tête. Puis, une fois mis à son poste, il monta la garde en soldat vigilant, ne laissa pénétrer personne dans la place et accomplit sa mission jusqu'au bout. C'est par milliers qu'il faudrait compter les : *haro!* poussés contre lui. On m'accordera pourtant que le préfet de la Seine, républicain, libre-penseur absolu, ennemi ardent du cléricalisme, en accord de vues avec le gouvernement dont il était le délégué, ne pouvait décemment pas faire le jeu des ennemis déclarés de l'état actuel des choses et traiter ses adversaires par la musique, les fleurs et les émotions douces. Hérold fut net, trancha dans le vif et remplit virilement sa tâche. On ne le lui a pas pardonné.

Les membres de cet homme de cinquante ans

n'étaient pas froids encore que déjà paraissaient des articles véritablement atroces. J'ai sous les yeux une explosion de fureur où un de mes confrères, à coup sûr atteint d'illuminisme, n'hésite pas à écrire des phrases où il place inconsidérément le « doigt de Dieu », trépigne à deux pieds sur le cadavre, reproche à Hérold, en termes que vous imaginez sans peine, d'avoir *mangé du prêtre*, et termine par ce hurlement digne d'un Peau-Rouge : « Il est mort ! Et c'est bien fait ! » En vérité, en vérité, je vous le dis, c'est de la malerage. Lorsque le marquis de Boissy, que l'écrivain fait intervenir dans son article, criait au Sénat : « Qui mange du pape en crève ! » il est hors de doute que le malicieux vieillard ne cherchait purement et simplement qu'un effet de tribune et un succès de sténographie. Soyez sûr, mon confrère, que l'époux désabusé de l'ardente Guiccioli se souciait de la puissance temporelle du souverain pontife comme d'un fétu de paille. Il obéissait aux traditions de sa race et au rôle qu'il avait adopté dans la vie publique. Au fond, il se découvrait, quand on prononçait le nom du pape, du même geste léger qu'il se découvrait en parlant de Byron. Ce petit marquis tout sec, avec sa tête busquée en avant et son museau de perruche, n'avait que des convictions de surface et fertiles en saillies d'enfant terrible. Mais lui, le confrère, y va bon jeu et bon argent. Il daube sur le mort à tour de bras et traîne aux gémonies un citoyen qui n'était pas et ne se croyait pas de premier plan, mais qui fut un homme intelligent, laborieux, toujours conséquent avec soi-même et d'une grande bonté de cœur. Ne croyez-vous pas, entre nous, que le journaliste a perdu là une belle occasion d'imiter le légendaire silence de Conrart ?

J'ai peu connu M. Hérold. Il m'est arrivé de le coudoyer au Palais. Un de mes confrères et amis, Mᵉ Alphonse Jovart, était son secrétaire au temps que moi-même j'étais secrétaire de Laurier. C'est ainsi qu'il m'est advenu d'avoir sur lui de certains détails que je ne juge pas opportun de livrer au public, mais qui m'autorisent à répéter du mort que c'était un personnage d'un commerce charmant et d'une profonde bienveillance. Il était d'une taille un peu au-dessous de la moyenne, assez fort, haut en couleur et d'un visage riant. Ses yeux, éternellement protégés par des lunettes, brillaient de finesse et parfois de gaieté indulgente. Parvenu à la haute situation de préfet de la Seine, l'ex-avocat à la cour de cassation n'affectait point de morgue et, sans déhanchement de basoche, bien entendu, était resté l'excellent camarade des anciens jours. Je pourrais citer tel fait de lui qui ferait assurément regretter au journaliste en question son article d'un ton de violence extraordinaire. C'était, dans la complète acception du mot, un fort brave homme que le préfet de la Seine.

Chose étrange, et qui est la caractéristique de l'époque troublée que nous traversons, il paraît que M. Hérold — ici je ne m'occupe plus ni du politique ni du fonctionnaire — avait été, au début de la vie, un croyant et un fervent. On m'a conté, et je livre le fait sous réserves, que, frais émoulu des bancs du collège, il avait, durant un temps, à l'encontre des amis de son âge, conservé des habitudes de piété pratiquante. Peut-être y avait-il du sang de son père, le doux rêveur, dans ce côté tendre, féminin et irréfléchi du jeune homme. Peu à peu, il se détacha de ses croyances enfantines et se borna à saluer légèrement l'Etre suprême imaginé par Rousseau et célébré par Robespierre. Enfin, à vingt-cinq ans, dans le plein de sa première jeunesse, il devint le libre-penseur endurci, l'anti clérical irréconciliable que nous avons tous connu. On a dit souvent, et non sans justesse, que l'existence des peuples n'était que le reflet des existences des individus. Psychologiquement, n'en voyez-vous pas là une preuve évidente? Ce cerveau tourmenté de doutes et s'arrêtant à la négation absolue est bien l'image du cerveau de la France depuis la seconde moitié du dix-huitième siècle : aller de la foi extrême à l'extrême incrédulité — en passant par le déisme nuageux et flottant du Vicaire savoyard !

IDA DE BARANCY

 Ack, le roman de M. Daudet, si remarquable par certains côtés, notamment par les parties incises et accessoires, contient des portraits dont on peut contester l'exactitude. Il est à observer d'abord, que ces *ratés*, que M. Daudet a peints d'une touche si légère et si gaie, avaient déjà figuré dans un roman de Gozlan, *Aristide Froissart*. Mêlez Hirsch, Labassindre, Lacervoise, la *dernière guitare*, et vous obtiendrez l'éternelle comédie de la bohême. En outre, et je dirai tout à l'heure pourquoi, le triste héros du livre, Jack, me paraît faux, faux à crier. Seule, Ida de Barancy est vraie, d'une vérité saisissante et cruelle. N'y eût-il que cette physionomie dans l'œuvre qui a passionné le public, qu'elle suffirait pour classer M. Daudet, et au premier rang, parmi les maîtres de roman actuel.

Ida de Barancy est si nette, si inconsciemment odieuse, si prise sur le vif, qu'il était à peu près impossible qu'on la transportât sur la scène. M. Daudet l'a essayé pourtant. Les conventions du théâtre avec lesquelles les plus fiers et les plus vigoureux esprits sont bien obligés de compter, s'imposent de telle sorte que les spectateurs de la première représentation, d'habitude si favorable aux audaces, auraient poussé des cris de paon si on leur avait donné le quatrième acte tel que nous l'avions vu, la veille, à la répétition générale. Ida, frappée par d'Argenton, revient chez son fils. Elle dévalise d'une main insouciante le tiroir de l'ouvrier, achète une langouste et du vin de champagne, déjeune avec le maudit, les coudes sur la table, parlant femmes, amours brisés, pleurant, riant, chantant des romances d'une sentimentalité fausse et envoyant au nez de son fils des bouffées de cigarette. Puis suivait une scène plus osée encore et d'une extraordinaire puissance — complètement biffée, celle-là — entre l'amant Ida et le fils. Malgré toutes les atténuations, le public de la première s'est un peu bien regimbé. Eh bien! c'était le quatrième acte de la répétition générale qui était l'acte juste. Ida de Barancy y apparaissait telle que nous la connaissons et la coudoyons chaque jour.

Jack, le Jack étudié du roman, — je ne parle pas du Jack de la pièce, dont les pleurnicheries seront toujours assurément d'un succès banal. Jack m'a semblé détonner depuis le jour où ayant l'âge d'homme et entrant à l'usine d'Indret il peut réfléchir, comparer et juger. Il y a du surhumain, ou de l'imbécile, dans ce jeune homme qui chérit et respecte quand même la dernière des déchues, laquelle vit au sein du luxe avec un drôle à la chevelure inspirée et, en dépit de certains sursauts de nerfs propres aux filles, se soucie de son enfant autant que d'un vieux chapeau. Il est clair que Daudet n'a pas osé battre en brèche cette pompeuse fumisterie qu'on appelle « la voix du sang ». Cette timidité lui a porté bonheur, vu l'optique de la scène. A la pièce, Jack, qui est un *convenu*, produira un grand effet. Ida de Barancy, qui est une *réelle*, excitera la noble indignation de tous les « honnêtes gens » qui composent une salle de théâtre à Paris.

Dans la vie, dans la vie vraie, hélas! il y a gros à parier que le chauffeur de *Cydnus* viendrait de temps en temps chez sa gourgandine de mère, la voix et peut-être la main haute, réclamer du *poignon* afin de payer le soir aux camarades des saladiers de vin chaud dans une musette de barrière. Mais j'admets que, ayant rencontré sur sa route solitaire un petit manteau-bleu tel que le docteur Rivals, Jack soit devenu homme distingué. Que fera-t-il? Verra-t-il sa mère? Non, cent fois non. Lui conservera-t-il cette tendresse et cette vénération « que rien ne peut arracher du cœur d'un fils », à ce que prétendent les bonnes gens amoureux de phrases toutes faites ? Non, mille fois non. Peut-être, démêlant tous les troubles de ce tempérament sans équilibre, éprouvera-t-il pour elle une immense pitié. J'atteste, dussé-je paraitre franc jusqu'à la brutalité, que cette immense pitié-là n'ira pas sans un immense dégoût.

Oui, Jack est faux. Daudet ne nous laisse qu'une alternative : Jack est un ange ou un niais ; il lui manque des ailes ou un cerveau organisé. Je sais, pardieu, qu'il n'est pas commode de tracer carrément une formidable figure de fils justicier. Le tolle qui s'éleva en Angleterre, il y a près d'un siècle et demi, lorsque Richard Savage écrivit le *Bâtard* avec du sang tiré de sa veine, fut si retentissant que l'écho ne s'en est pas encore éteint tout à fait. Savage, dont Johnson nous a laissé une si touchante biographie, n'insulta pas sa mère, l'ignoble lady Maulesfield. Il se contenta de gémir, de sangloter, mais ne put refouler un cri de rage final et dédia son poème à sa mère, « avec tout le respect qui lui était dû ». Néanmoins, bon nombre d'âmes s'émurent des accents désespérés de ce fils, autrement humain que le Jack à la guimauve de Daudet. Si bien que, plus d'une fois, à Bath, où elle s'était retirée, la créature infâme vit passer près d'elle de jeunes ardents qui, sans la regarder même, murmuraient d'une voix sifflante quelques vers du poème vengeur.

Si la comtesse de Maulesfield, tout en demeurant la joyeuse drôlesse qu'elle était, eût aimé, soigné et élevé son fils, Richard Savage eût été un véritable polisson en se permettant de juger sa mère. Voilà qui est convenu. On ne se méprendra pas, je pense, au sens de mon article. Où je veux louer sans réserve M. Daudet, c'est de nous avoir montré la vraie courtisane-mère en Ida de Barancy. Dussé-je faire bondir Dumas, Feuillet et les attendris qui viennent à leur suite, c'est telle, et non autre, qu'est la courtisane-mère. Je les vois réduits à leur dernier argument, et qu'ils emprunteront à Daudet lui-même : « Ce sont des mères dénaturées, abominables, nous n'y contredisons point. Que voulez-vous ? Elles ne *savent* pas ! » Je connais cette vieille théorie de l'inconscience que les bénisseurs invoquent d'un cœur léger. C'est l'irresponsabilité des filles plaidée en matière de circonstance atténuante. Alors, il faut être logique et enfermer ces intéressantes demoiselles comme de simples alcoolisés.

Je ne sais si vous avez remarqué avec quelle aimable désinvolture les romanciers relèvent et purifient les *traînées* de tout grade qui, par accident, se sont aperçues à l'époque critique qu'elles étaient mères. Jusque-là, la femme a été une misérable, une détrousseuse de cabaret de nuit, une goule, tout ce que vous voudrez. Le hasard fait qu'un beau matin elle « est pincée », ainsi que s'expriment quelques-unes de ces dames en leur rude et virginal langage. Paf ! Tout change, comme sur un coup de sifflet du machiniste. La stryge devient une petite sainte. Il lui pousse *illico* un sentiment des devoirs et des dignités de la vie — « un sentiment qui sommeillait », prennent généralement soin d'ajouter ces messieurs. Ça n'est pas plus difficile que ça. Observez que je ne force point la note. Je pourrais vous remettre sous les yeux telle tirade des *Idées de Mme Aubray* ou de *Rédemption*, qui vous ferait bien voir que je n'invente point.

Ida de Barancy est et restera un type inoubliable. Daudet a acculé les romanciers tout d'une pièce et ne leur laisse plus qu'une excuse insuffisante de l'inconscience de la courtisane mère. Il eût pu, s'il avait eu la main lourde, nous montrer une de ces courtisanes-mères comme nous en voyons tant, qui jettent leur enfant au coin de la borne, sans l'ombre d'un remords. M. de Montépin n'y eût pas manqué et n'eût rien prouvé, absolument rien. Daudet avait son objectif, et il l'a atteint. Il a voulu, si je ne me trompe (j'expose l'impression que j'ai retirée de la lecture du livre), démontrer que la fille, par son essence même, était incapable d'être mère. Il a composé son personnage avec infiniment d'art, de finesse et de mesure. C'est un monstre joli, caquetant, charmant, non rebelle à l'émotion, pleurant même comme une Madeleine aux mélodrames de Busnach, que cette Ida de Barancy. C'est un monstre ayant le cœur sur la main, — mais c'est un monstre.

Eh ! mon Dieu, il n'est pas besoin de tant de phrases pour affirmer la triste réalité du personnage, dont la conception fait le plus grand honneur à M. Daudet. Nous n'avons qu'à regarder autour de nous. Si chastes que je veuille supposer mes lecteurs, il est tout probable qu'il est arrivé à la plupart d'entre eux d'avoir *connu*, au sens où l'entend l'Ecriture, une fille munie d'un enfant. Si l'enfant est demeuré au logis, la scène du pot-à-l'eau de *Nana*, d'ailleurs complètement inutile dans le roman de M. Zola et simplement écrite pour faire acheter le livre par de vieux messieurs que le *troisième* voyage du pot-à-l'eau rend rêveurs, cette scène-là se produit devant le berceau du mignon qui a six ans peut-être et ouvre les yeux. C'est le début. Je ne leur en fais pas un crime, du reste. Toutes ces Idas de Barancy n'y regardent pas de si près et font l'amour avec la naïve impudeur des sauvages, qui circulent tout nus.

Plus tard, lorsque l'enfant a dix ans, il parade sur la banquette de l'américaine de sa mère, au Bois, à l'heure psychologique du *persil*. Il a un costume anglais, de hautes guêtres et une plume au chapeau. Il désigne du doigt les cavaliers qui passent, les connaît par leurs noms et dit : « Je trouve que celui-là est mieux que *bon ami* ». Bon ami est le « monsieur » du moment. Elle, fait la folle, se renverse avec des indolences et un vague sourire aux lèvres, joue à la petite maman. On n'a jamais su pourquoi, mais il paraît que cet adorable manège excite prodigieusement les hommes riches qui arrivent des pays chauds, particulièrement de l'Amérique du Sud. Plus tard encore, sur le coup de la quinzième année, l'enfant disparaît. On l'*adore* (!) toujours ; néanmoins il est devenu une gêne. Daudet le retrouve et a raison de le retrouver dans la « chambre de chauffe » du *Cydnus* cependant qu'Ida, pas méchante pour un liard, continue son petit commerce, tout en achetant des *suits* étourdissants et des cravates multicolores à un jeune premier irrésistible du théâtre des Folies-Parisiennes.

Ah ! que Daudet a eu du courage en se jouant des sempiternels poncifs ! Il est possible qu'il se rencontre une Coralie par le monde. C'est l'exception qui confirme la règle. Ida est la règle. J'en suis bien fâché pour le grand Hugo et son tant séduisant passage de la préface de *Lucrèce*. Daudet a vu et nous peint la réalité. C'est là du naturalisme, et du meilleur, sans les cochonneries destinées à l'exportation. Ida de Barancy est le prototype de la courtisane-mère. Et vous voulez que nous nous attendrissions ! Ça, des mères ! Pour quelles oies nous prennent les romanciers et les dramaturges ? Ne se souviennent-ils plus, ces plaisantins qui se gaussent de notre crédulité, des « vieilles » de leur enfance, qui, après avoir été bonnes filles et dignes épouses, étaient les *Mamans*, les vraies, les seules, charme et honneur du foyer? Qu'ils nous fichent donc une bonne fois la paix avec leurs Gothons transformées en héroïnes ; Ida de Barancy a définitivement tué ces espèces, indignes de connaître jamais les douleurs bénies de la maternité !

A PROPOS DE M. PAILLERON

on Dieu, que M. Pailleron vient donc de nous rendre un grand service ! Jamais, non, jamais, nous ne comprendrons assez la bonne action qu'a accomplie cet aimable auteur dramatique. Quand nous nous démenons dans nos journaux et crions comme des enragés contre les abominables grues qui s'ingèrent de *barocco* et de *barapliton*, au lieu de faire de gros bébés et de leur torcher le derrière, nous n'influons qu'une minute sur l'esprit de nos lecteurs. L'article du lendemain emporte celui de la veille, ainsi qu'un clou chasse l'autre. Mais le théâtre ! Quelle chaire admirable ! Et comme les vérités tombant de cette chaire-là ont de retentissement et de force ! Je ne sais si M. Pailleron réussira dans une tâche où a échoué Molière. J'en doute un peu, à dire vrai. Détruire le pédantisme chez la femme est une tentative non

mince. M. Pailleron aura, du moins, eu le mérite d'oser.

A la première représentation du *Monde où l'on s'ennuie*, on m'a montré dans une loge deux dames qui, à ce qu'il paraît, ont posé sans le savoir pour les pécores qui s'agitent et se trémoussent autour du professeur Bellac. Il m'a même été conté que Mlle Edile Riquier, chargée du rôle de cette odieuse et énervante comtesse de Loudan, affectait de porter les nuances favorites d'une des deux dames en question. Eh bien ! l'une et l'autre riaient avec une inconscience tout à fait curieuse. Elles ne semblaient pas se douter qu'elles étaient là, sur la scène, moquées, raillées, cinglées jusqu'au sang, objet du rire de tous. Peut-être ont-elles puisé dans la lecture de Saint-Evremont, de Joubert et des autres une impassibilité philosophique que j'ignore. A leur place, moi, je me serais caché dans un trou.

Et, chose particulière, l'une de ces deux dames, la plus jeune, n'est ni laide ni maigre. Qu'une espèce d'Anglaise ou d'Américaine, guenon à lunettes, plate comme un hareng saur, au menton pointu, aux dents douteuses, évidemment inapte aux choses d'amour, pâlisse jusqu'à en verdir sur un tas de bouquins et de revues assommantes, passe encore. La pauvre fille n'a rien de mieux à faire. C'est en désespoir de cause qu'elle se rabat sur le sérieux. Mais jouer à la Cathos de parti délibéré, par bel air, alors que le corset comprime malaisément des formes, ma foi, fort opulentes, voilà qui passe l'imagination, sur ma parole. Dussé-je paraître plus immodeste qu'il ne convient, j'ose dire que je brille autant par mon beau talent que par une éducation de premier ordre. Ma famille n'hésite même pas à me rappeler parfois, dans une forme un peu commune, que « tout ça lui a coûté les yeux de la tête ». Néanmoins, si j'avais le désagrément de me trouver un instant en contact avec une *précieuse* de cet acabit, je me donnerais le malin plaisir de me livrer à de telles incongruités de langage qu'elle me prierait, à coup sûr, de ne plus franchir jamais le seuil de son salon maudit.

Non, lecteur, cher lecteur, bon bourgeois, mon camarade, te représentes-tu uni par les liens indissolubles du mariage à une femme savante? Une torture chinoise, pas vrai? Il est des heures, nul ne l'ignore, où l'homme le plus ferré sur Maine de Biran éprouve le besoin de quitter les hauteurs sereines du spiritualisme pour goûter des jouissances moins immatérielles. Eh bien! quelle tête ferais-tu, concupiscent lecteur, si, essayant de soulever, conformément aux préceptes du début de *Namouna*, les derniers voiles de la blanche épousée, tu entendais inopinément la blanche épousée t'opposer un raisonnement en quatre points sur le *quid deceat, quid non*? Je te connais, homme sans coup d'aile. Tu allumerais un cigare et filerais d'un pied hâtif— honte de ton sexe — chez Totoche ou chez Tata. Tu aurais fièrement raison, mon vieux.

M. Pailleron ne s'en prend pas seulement au sexe adverse. Il nous a esquissé aussi, dans le *Monde où l'on s'ennuie*, des silhouettes de pédants prises sur le vif. La discussion entre Saint-Réau et Bellac, pour pastichée qu'elle soit de la scène entre Vadius et Trissotin, est de tout point exacte. Il y a des milieux où on prend un enfant à la mamelle avec l'idée de faire de lui un homme grave. On soumet cet enfant au régime le plus débilitant et le plus ridicule. Il peut à peine disjoindre les lèvres que le père, un Prudhomme qu'il faudrait fouetter en place publique, lui inculque des maximes de haute gravité. Cet imbécile appelle ça « former la jeunesse ». On le *rase*, on le martyrise, durant tout le jour, ce mignon qui n'aspire qu'au bruit, aux cris, au jeu, à toutes les folies de l'enfance. Et, le soir, étendue à côté de l'époux, la mère murmure, en façon de prière : « Mon Dieu ! Faites qu'*il* soit magistrat ! »

Et il devient magistrat ! — Il est de ces horribles destins. — A dix-huit ans, au lieu de pleurer comme un veau sur les genoux d'une nommée Amanda, en lui reprochant de le tromper avec un artiste du théâtre Montparnasse; au lieu de faire une *ardoise* de soixante-quinze francs au café de l'Ecole de Droit ; au lieu de recevoir, après une discussion politique suivie de calottes sonores, un coup d'épée dans la main, afin que « l'honneur soit satisfait » ; au lieu de ces bêtes et charmantes choses de jeunesse, en un mot — l'abêti suit la voie droite. Il ne bronche pas, je vous en réponds. Généralement il est froid, la froideur étant d'une règle absolue. C'est que, semblable à je ne sais quel personnage d'opérette, il a reçu d'immenses fessées, dès l'âge de six ans, chaque fois qu'on l'a pincé à ne pas être froid. Vous sentez si une discipline de ce genre-là doit porter ses fruits !

Il suit des cours ennuyeux comme les *Imprécations de Camille*, n'y comprend que peu de choses, prend des notes consciencieusement et, le soir, fréquente quelques salons où de jeunes personnes, munies de leurs diplômes, exécutent des machines épouvantables sur le piano. Dois-je ajouter que la musique française est sévèrement bannie de ces réunions d'empaillés? Tout de même que chez la comtesse de Céran apparaissent des fonctionnaires auprès desquels chacun exécute sa courbette. « Se faire des relations ! » est un des axiomes à la mode dans ce monde-là. A vingt-cinq ans, il se marie avec une petite de la même farine que lui ; un ourson sur une banquise ! Il est facile de juger quelle sera la reproduction de ces deux êtres. Il advient parfois que ce malheureux, arrivé sur le penchant de la cinquantième année, commence à avoir sa première jeunesse et entre dans « le monde où l'on s'amuse ». Une jolie débâcle, alors ! Juste châtiment, du reste, d'une vie stupidement menée !

Qu'on ne s'y trompe pas, cependant. Je ne pense point que l'existence doive être une éternelle kermesse. Il est clair qu'une jeune fille qui, sous prétexte de ne pas vouloir vivre dans le monde où l'on s'ennuie, s'amuserait à flirter avec le premier passant venu, serait une jeune fille médiocrement intéressante. Il y a une société intermédiaire entre « les mangeuses d'asperges » de M. Marcellin et les guenuches prétentieuses de M. Pailleron. Il est clair, d'autre part, que l'homme n'a pas été créé et mis au monde pour jouer au baccara, hanter les salles d'armes, s'étaler dans des avant-scènes à côté de Mlle Trop-de-Fraîcheur, et *jeter sa gourme* jusqu'à un âge excessivement avancé. Je me doute bien que nous ne sommes pas sortis du sein de nos mères pour danser une farandole sans trêve, et je n'entends pas nier les devoirs et les responsabilités de la vie.

Encore une fois, ce qui me choque et m'horripile, c'est la raideur voulue, le pédantisme de parti pris, le solennel et le guindé — toutes sottises fort prisées dans le monde où nous a introduits M. Pailleron. Observez qu'il n'a pas du tout forcé la note. A qui n'est-il pas arrivé d'être invité fallacieusement chez des gens auxquels nul n'aurait soupçonné l'ombre d'une intention mauvaise et qui, sur le coup de dix heures, servaient à leurs invités une conférence quelconque ou la *primeur* d'une comédie de mœurs. Je me rappelle une bonne dame qui nous joua un soir cet exécrable tour, nous lut une abominable élucubration qui n'en finissait pas et, après avoir tourné la dernière page du manuscrit, ajouta, en baissant les yeux : « L'auteur désire garder l'anonyme ». Ah! le vieux monstre! Nous l'aurions étranglée, je crois. Quatre heures sans une cigarette !

Les pontifes et les précieuses, voilà l'ennemi commun. Et précisément, puisque M. Pailleron a fait représenter sa brillante comédie au Théâtre-Français, il a pu étudier sur place, et non sans malice, j'en jurerais, certains travers dont je me rends parfaitement compte, bien qu'il ne m'ait pas été donné de les toucher du doigt. Tous un peu pontifes et notaires dans le creux de cet arbre-là, n'est-ce pas? Je n'en veux pour preuve que la manière cérémonieuse dont M. Got a annoncé le nom de l'auteur. A tout autre théâtre, le principal acteur s'avance, salue et dit tout bêtement : « Mesdames et messieurs, la pièce que nous venons d'avoir l'honneur de représenter devant vous est de M. X... ou Z... » M. Got, lui, solennel et froid, *s'est exprimé en ces termes* : « Mesdames et messieurs, l'auteur de la comédie que LA COMÉDIE FRANÇAISE vient d'avoir l'honneur de représenter devant vous est M. Pailleron ». Hein ? Est-ce assez topique, ce LA COMÉDIE FRANÇAISE ? Je ne connais pas les coulisses du Théâtre-Français, mais j'imagine que c'est là un monde où l'on s'ennuie et où l'on s'ennuie ferme. Mais ils sont si distingués, ces excellents comédiens !

En fin de compte, M. Pailleron a fait une œuvre excellente, non seulement au point de vue du théâtre, puisque la pièce a obtenu un succès très vif et très mérité, mais aussi — et surtout — au point de vue des mœurs d'un certain milieu. Il aura réussi au delà de toute espérance, s'il parvient à réfréner un peu l'amour immodéré des jeunes gens graves, ces jeunes gens graves qui portaient si fort sur les nerfs de Beyle, pour la cravate blanche. « Tiens, tu as une tournure de pion ! » dit brutalement la vieille duchesse de Réville à son petit neveu, Roger de Céran. Je sais nombre de petits bonshommes de vingt ans qui prendraient l'apostrophe pour un compliment tout à fait flatteur. Quant aux précieuses ridicules, j'ai déclaré que je désespérais de leur salut. Elles mourront, les toquées, dans l'impénitence finale !

LE COMTE DE SEMELLÉ

E cabinet n° 6 de la Maison-d'Or, qui jadis a tenu en échec le grand 16 du café Anglais, forme l'angle du boulevard et de la rue Laffitte. Deux fenêtres donnent sur la rue Laffitte ; une fenêtre, où se reflète le bec de gaz de l'entresol, donne sur le boulevard. Il y a trois années environ, deux hommes jeunes encore fumaient et devisaient à la fenêtre du boulevard. Minuit n'avait pas encore sonné au beffroi voisin. Un observateur attentif, cet observateur attentif qui joue un si grand rôle dans les romans de Gaboriau, aurait pu, rien qu'en examinant les gestes, suivre la conversation des deux hommes jeunes encore. L'un, au front hâle, aux yeux fixes et d'un grand éclat, au poil déjà grisonnant, avec le masque du duc de Guise qu'on voit au Louvre, et duquel il descend, était le comte de Semellé. L'autre, que j'aurai la pudeur de ne pas dépeindre, était le signataire de ces lignes.

Nous attendions des camarades qui s'étaient séparés en deux bandes. La première bande avait envahi une avant-scène des Folies-Dramatiques, désireuse d'assister à la trois-centième de la *Fille de Madame Angot;* la seconde, dans le but louable de venir en aide au pauvre Comte, qui luttait comme un désespéré, avait affronté la solitude des Bouffes-Parisiens. Le 6 était le rendez-vous général. Semellé, alors lieutenant aux tirailleurs, charmait les loisirs de l'attente par le récit des exploits qu'il méditait. Il me *racontait* l'Afrique inconnue qu'il se proposait d'explorer, comme s'il l'eut eue devant les yeux. Ces hauts aventuriers et ces grands bohémiens ont de singulières intuitions ! Il me parlait des heures dures où il serait obligé de se nourrir d'herbages et de boire de l'eau marécageuse, au moment où Joseph, le plus malin des savoyards, apporta des écrevisses bordelaises.

Peu après, notre conversation fut définitivement interrompue. Les bandes joyeuses (!) firent irruption dans notre cabinet. Nous plantâmes là Bougainville, Cook et Dumont d'Urville. Le moyen, je vous le demande, de courir en imagination par les déserts et les immensités, quand une grande rousse, munie d'un cache-peigne extravagant, fait sans cesse retentir les airs de cette exclamation incompréhensible : « Lâche-moi donc le coude ! » Je note tous ces souvenirs au passage, Je me souviens déjà et j'en gémis. Ce : « lâche-moi donc le coude ! » qui revenait toutes les cinq minutes en façon de ritournelle, était adressé au plus charmant garçon du monde, lequel essayait de refaire une virginité à une vieille catin et se sentait, je crois, *jaloux du passé*. Ces choses-là arrivent. Nous descendîmes l'escalier en colimaçon du cabaret, à l'aube naissante. Semellé et moi nous échangeâmes un adieu sincèrement ému. Il partait le lendemain.

Il est clair que ces gens-là sont des fous. Des fous d'une essence particulière. Si le docteur Legrand du Saulle était chargé d'examiner le cerveau des explorateurs et des navigateurs, il y découvrirait indubitablement cette fine fêlure dont parle le marquis de Belloy. Il y a un réel manque d'équilibre dans ces natures toutes de nerfs et en dehors qui ont soif d'inconnu. L'asphalte de nos boulevards brûle les pieds de ces ardents. Tout leur semble mesquin. Il leur faut des « vastitudes ». Ce sont des êtres qui, dès le début, n'entendent rien aux vulgarités de la vie. Ils portent vaguement en eux ce triple objectif que Byron proposait aux fiévreux du commencement de ce siècle ; découvrir un monde, sauver un peuple, aimer une reine !

Il n'est pas une grande action qui, avant d'être menée à bien, n'ait paru une folie. Ce n'est que lorsque cette grande action est accomplie jusqu'au bout que les badauds commencent à l'estimer toute naturelle. Dans l'ordre d'idées que je touche, puis-je ne pas rappeler que Christophe Colomb a été absolument jugé fou ? Si l'admirable législation qui régit actuellement la France, et grâce à laquelle la signature de trois docteurs suffit pour faire enfermer un homme, avait à ce moment-là rayonné sur l'Europe, il est hors de doute que Christophe Colomb n'eût pu tenter la découverte de l'Amérique qu'après avoir au préalable subi un régime de douches progressives.

Jamais un médecin de sens rassis, un médecin de quartier, ne pourra croire qu'un homme qui, pouvant vivre au coin du feu, va de gaieté de cœur jouer sa peau aux quatre coins du monde, est un homme d'entendement sain. Pour un rien, ces bonnes gens auraient conseillé à Livingstone et à Stanley de prendre des bains tièdes et des boissons rafraîchissantes. L'amour de l' « extrême », qui seul fait les choses héroïques, choque nos instincts bourgeois. Un poète que les Parnassiens méprisent à coup sûr, et qui trouva plus d'une fois un mâle langage pour rendre de nobles inspirations, a résumé toutes ces pensées-là dans ce beau vers appliqué à Christophe Colomb lui-même :

> Fou sublime insulté par des sages vulgaires !

Notez que je ne prétends pas que Semellé soit timbré. Il ne m'en voudra pas, d'autre part, si je demande à réfléchir avant de le déclarer sublime. En tout cas, il est plein de rêves audacieux et fiers. Le malheur est que, en notre belle patrie, on ne pèse les actes que d'après les résultats. Autant nous sommes pressés à hisser sur le pavois l'homme qui a réussi, autant nous nous hâtons de traîner aux gémonies l'homme qui a échoué. Si le général Leclerc n'avait pas envahi, avec une vingtaine de grenadiers, la salle des Cinq-Cents, et n'avait pas jeté dehors les farouches républicains qui s'y trouvaient, farouches républicains dont quelques uns étaient destinés à devenir plus tard les conseillers d'Etat et les sénateurs de l'empire, Bonaparte, alors dans tout le prestige de sa gloire, eût succombé sous le ridicule.

Gare au ridicule, mon cher Semellé ! C'est là l'écueil. Il ne faut pas échouer. Ou, si l'on échoue, il faut échouer superbement. Les femmes, qui, en France, sont les grandes dispensatrices de la renommée, adorent les accessoires pittoresques qui entourent la fin des aventuriers d'outre-mer. Pour émouvoir les femmes, il est besoin d'incidents à la Ponson du Terrail. La mise en scène seule fait pleurer ces yeux-là. Je connais une dame, grande liseuse devant le Seigneur, qui porte encore le deuil de Raousset-Boulbon, — qu'elle n'a jamais connu. Ce « fut un héros ! » dit-elle avec âme. Et je dois à la vérité de reconnaître que cette quadragénaire — plâtrée à faire tressaillir l'ombre jalouse de Debureau — a perdu sa mère, son mari et son enfant sans verser une larme. Le roman ! tout est là. Le fait est que ce Raousset-Boulbon mourut de superbe sorte : à trente-cinq ans, après une lutte folle, par une matinée ensoleillée, le regard haut. Te voilà prévenu, mon bon Semellé. L'alternative est tout ensemble nette et raide : découvrir des choses stupéfiantes ou tomber en héros de la Grande-Flibuste !

Un exemple frappant de ce que j'avance est la mort de ce pauvre Orélie-Antoine Ier. Cet avoué près un tribunal de première instance, fatigué de se constituer et de grossoyer, avait jeté un beau matin sa robe noire aux orties et, affolé sans doute par la lecture des œuvres complètes du capitaine Mayne-Reid, n'avait plus songé qu'à courir les pampas. L'Araucanie offrait un champ vaste à ses téméraires tentatives. Il partit. Les coursiers indomptés et sans brides, les navajas, les tomahawks, les lazzos, tout cela hantait ce cerveau enfiévré. Il se voyait frappant à la fois de terreur et d'admiration des peuplades guerrières qui se prosternaient devant lui. Il devenait le Tamerlan de l'Amérique du Sud. On le surnommait *l'œil qui voit tout* ou *la main qui frappe*. Quels songes sans fin ! Ce bourgeois de Périgueux, ce procureur en rupture de papier timbré, rêvait d'être le dernier des *chasseurs de chevelures*.

Quelle déconvenue, hélas ! — Il me fut donné de voir ce prince infortuné à son retour. C'était dans un café du boulevard. J'aperçus un grand gaillard au visage pâli et assez énergique, à la barbe longue et peu cultivée, sillonné de rides précoces. Ce n'était pas la tête du premier venu. Orélie-Antoine jouait aux cartes avec un gros garçon d'assez piètre allure, dont la lèvre, soigneusement rasée, indiquait la profession. L'adversaire du souverain était un troisième comique du théâtre d'à côté. Je tendis l'oreille et saisis les bribes d'un dialogue qui m'inspira des réflexions amères sur les puissants de ce monde. Le monarque découronné me semblait aigri par une déveine persistante. L'enjeu de la partie était un humble mazagran. Moins courtisan que Chamillard, lequel avait le bon goût de *rater* les coulés sur bande les plus élémentaires, le cabotin accumulait les soixante sur les quatre-vingt-dix. Il annonça un quatorze d'as, qu'il appelait élégamment des *boutons de guêtre*. « J'avais pourtant un *quatorze de larbins*, quel guigne! » murmura le roi avec un dépit mal déguisé. Enfin Orélie-Antoine perdit. Il jeta négligemment sur la table de marbre une pièce de vingt sous, à l'effigie de son cousin l'empereur Napoléon III, et sortit du café en laissant vingt centimes au garçon. Le roi d'Araucanie et le troisième comique arpentèrent le boulevard Montmartre bras dessus bras dessous. Ce que c'est que de nous, pourtant! Autant que l'amour, le piquet rapproche les distances et égalise les conditions!

Quelques mois après, le roi d'Araucanie mourait sur un petit lit en fer, à l'hospice de Bordeaux. Il n'avait même plus de nom. Les infirmiers l'appelaient le 58. La nouvelle de sa mort fut accueillie par des sourires. Que voulez-vous? Le hasard ne lui avait pas donné de prestige. Après son échec, il était revenu sur un bon bâtiment des Messageries, rapatrié aux frais de l'Etat, sans danger, sans mélodrame, comme le premier commissionnaire en marchandises venu. C'était d'un plat désespérant. Et qui sait, cependant? Ce pauvre hère, ce moqué, ce bafoué, était peut-être supérieur à son destin !

C'est un dur enseignement pour Semellé que cet enseignement-là ! Semellé a déjà fait des choses curieuses. Les notes qu'il a publiées dans un journal du matin sont d'un vif intérêt. L'État, qui est tout prêt à subventionner le moindre théâtre d'opérette, mais qui d'ordinaire refuse l'ombre d'une subvention aux entreprises glorieuses ou utiles, s'est ému néanmoins des hardiesses de Semellé. Il va repartir bientôt pour l'Afrique centrale, avec des subsides officiels. Du moment que le mot *officiel* est prononcé, tout le monde se tait et s'incline. Il ne viendra plus à la pensée de personne de demander à Semellé pourquoi il se cache, durant des années entières, à Bougival ou au Bas-Meudon. Avec je ne sais quoi d'*officiel* encore, on le prendra très au sérieux et on l'admirera. Ainsi nous sommes.

Bon voyage donc, mon camarade ! Bonne chance dans l'aventure ! Garde-toi de revenir comme feu M. de Tonnens ! Plante quelque part le drapeau aux trois couleurs, découvre une peuplade de sauvages ignorée, ramène un éléphant sans trompe, rapporte les ornements d'un « grand chef » préhistorique, fais ce que tu voudras, mais fais quelque chose d'inattendu — et de grand, s'il plaît au ciel. Ne t'endors pas surtout dans les délices d'une Capoue africaine, aux pieds d'une grosse sauvagesse à verroterie éclatante. Elle te trompera, n'en aie doute, comme la statue animée du poète, avec ton domestique. Puis encore un coup, mon vieux Semellé, pas de fin banale ! J'en suis bien fâché, mais j'en reviens à mon alternative de tout à l'heure : l'inscription au temple de Mémoire de Colomb et de Vasco de Gama ou les douze balles dans le ventre de Raousset-Boulbon[1] !

---

1. Six semaines après la publication de ce portrait, le pauvre Semellé expirait en mer.

L'AMANT D'UNE FEMME MARIÉE

LA récente idylle du Pecq donnera à réfléchir, je suppose, aux célibataires de France, mes camarades, pour qui « être l'amant du femme mariée » constitue le *summum* de la félicité humaine. L'ardente et fausse poésie de l'adultère a le privilège de détraquer le cerveau des êtres fabriqués à l'image de Dieu, entre vingt et vingt-cinq ans. C'est l'âge, je le sais, où toutes les chimères sont permises ; où les jeunes gens ne voient guère que les riantes images qui peuplent le seuil de la vie ; où une foule de rêves adorablement niais, semblables à des papillons azurés, font froufrou le long des rideaux blancs des jeunes filles. En un mot, c'est la période bienheureuse de l'existence, à ce que prétendent les poètes, — un tas de blagueurs, entre nous. A cette heure psychologique, la « femme mariée » joue un rôle considérable dans l'imagination des jeunes hommes. Quel est le collégien, jeté en pleine liberté du jour au lendemain, qui ne brûle pas du désir hautement manifesté de mettre à mal une femme mariée du voisinage? De mon temps, au sortir du lycée, il en était ainsi. Il en sera ainsi toujours. J'ai souvenir que, durant notre année de philosophie, alors que la haute vie consistait pour nous à « filer » pendant la classe d'anglais et à aller étudier le noble jeu de billard au café du coin, nous nous informions anxieusement des « succès de femmes » de nos jeunes aînés, sortis depuis dix-huit mois du *bahut*. Une demi-douzaine de ces gommeux en herbe se vantaient. calomniateurs indignes, d'obtenir en même temps les avant-dernières et même les dernières faveurs de Mlle Léonide Leblanc, une pauvre jeune dame qui n'eût réellement pu suffire à la besogne, et qui ne saura jamais à quel point elle a été perdue de réputation par les dissolvants propos de ces drôles. Puis tout à coup éclatait ce coup de foudre : « Quant à Blandureau... — Qui ça, Blandureau? — Blandureau, celui du premier quartier, un grand qui fumait toujours dans les lieux. — Eh bien? — Eh bien! *il est avec* la femme d'un notaire! » Canaille de Blandureau! Et le soir, à huit heures et demie, roulés en pelote sous l'édredon, les yeux grands ouverts dans le noir du dortoir silencieux, nous songions longuement aux ivresses de cet animal de Blandureau, — amant d'une femme mariée!

Sérieusement, je n'ai jamais pu me rendre un compte exact des folles jouissances que goûte cet éternel « amant d'une femme mariée », dont les romanciers et les dramaturges nous rebattent continuellement les oreilles. Se cacher au fond des placards, comme dans les pièces de Labiche, (homme de toutes les voluptés et de tous les placards! criait Geoffroy, l'époux outragé); attraper d'épouvantables rhumes de cerveau en attendant la bien-aimée sous un parapluie, au tournant d'une rue; entendre des pas dans son mur et avoir peur de son ombre; ne posséder l' « objet de sa flamme » que sur des bouts de canapé, tandis que la fille de chambre toute dévouée au mari, fait un vacarme d'enfer dans la pièce d'à côté : voilà le plaisir, messieurs! Raisonnablement, ce plaisir-là est-il digne d'envie? Je sais bien l'objection que vous m'allez faire : les jambes enlacées sous la table, les baisers échangés entre deux portes, le billet glissé dans le gant, le fruit défendu, quoi donc! La belle affaire, vraiment! Et comme le jeu n'en vaut pas la chandelle!

Il est un autre point de vue que je ne saurais trop signaler aux amateurs de délicatesses et d'exquisités. Je n'appartiens pas à cette race de « gens qui sont dans le commerce » qu'a stigmatisés M. Hervé, poète et compositeur, et qui veulent absolument, gros naïfs, avoir une femme *à eux tout seuls*. J'accorde que de pareilles visées sont pour le moins ambitieuses. Mais encore est-il agréable de pouvoir se créer quelques illusions. L'amant de la femme mariée ne sait-il pas pertinemment au contraire, que la délicieuse créature qu'il a serrée entre ses bras dans l'après-midi et qui lui a dit d'une voix mourante : « Je t'en supplie, Raoul, ne me fais pas de bleus! cette grosse bête s'en apercevrait ce soir! » ne sait-il pas pertinemment, dis-je que la même délicieuse créature sera serrée dix heures après, avant que la bougie conjugale soit soufflée, entre les bras de la grosse bête en question? Il faut croire qu'il y a d'aimables jeunes premiers dont cette perspective grise la cervelle.

Je n'insiste pas, dans la crainte qu'on m'accuse de « quintessencier » de parti pris. J'insiste d'autant moins qu'un jour, ayant comparé « l'amant d'une femme mariée » à un laquais qui vide une bouteille commencée, je me suis vu assailli par une correspondance furieuse. Dans ce tas de lettres, il y en avait une qui sentait bien mauvais comme tous les cinq cents diables, et dont la signataire me reprochait d'*ignorer le sentiment* (sic) et supposait avec bienveillance que je devais être laid « comme une espèce de singe ». Cette hypothèse flatteuse m'a guéri pour longtemps de la regrettable manie qui me galopait de dire la vérité à mes contemporaines. Aussi, on le voit, ce n'est aujourd'hui qu'aux hommes que je m'adresse, essayant de leur montrer à quel point le rôle d' « amant d'une femme mariée » est fâcheux. Sans compter — l'odieux Fénayrou vient de nous le prouver — que ce rôle-là vous expose parfois à des coups de marteau ou de poignard, compliqués de tuyaux de plomb entourant le cou et d'épingles cadenassant les lèvres. Une fichue fin de romanesque aventure !

Il serait puéril de le nier, le cocu, ce cocu tant raillé, apparaît parfois avec une formidable allure de justicier et envoie la femme et l'amant se livrer à leurs exercices libidineux dans un monde meilleur. Après quoi, il fait éponger le sang par la bonne, descend l'escalier d'un pas égal et, tranquille comme Baptiste, va raconter sa petite affaire au commissaire de police du quartier. Le commissaire de police, qui, de son côté, redoute peut-être le minotaure, frappe avec enthousiasme dans la main de ce mari récalcitrant et le laisse en liberté provisoire. Ils fument une pipe ensemble et se racontent mutuellement leurs bonnes farces. Vous n'ignorez pas que, si les femmes sont obligées de demeurer vertueuses *in æternum*, les maris n'ont jamais abdiqué le droit de faire de bonnes farces.

Je ne voudrais pas qu'on me reprochât d'excuser les frères Fénayrou et la dame Fénayrou. La scène de cannibalisme qui s'est passée à Chatou excède véritablement toute mesure. Le cœur de l'amant servi comme entremets à la femme était déjà bien joli; Balzac, avec son amant *muré* et enseveli vivant, nous avait fait, lui aussi, passer plus d'un frisson dans les os ; les frères Fénayrou sont allés plus loin et viennent de créer une légende dont s'empareront à coup sûr les fabricants de complaintes. Dans cent ans, les époux soupçonneux et prévoyants raconteront le procès Fénayrou à leur compagne épouvantée. Et pourtant, la vengeance maritale, si j'ai compris le rapide exposé de ce mélodrame bourgeois, pourrait bien n'être qu'un accessoire de ce sanglant fait divers. La charmante Mme Fénayrou attirant son amant à un rendez-vous mortel, sous l'empire d'affreuses menaces, tout comme la duchesse de Guise fut obligée de voir daguer Saint-Mégrin sous ses yeux, me paraît être une héroïne bien invraisemblable. C'est la déposition d'une pharmacienne qui a trop lu le *Henri III* d'Alexandre Dumas. Il y a là des dessous où la justice portera la lumière. Nous sommes peut-être appelés à ouïr de curieuses révélations.

En attendant, on ne me fera pas un crime d'admirer la singulière adresse de cette jeune femme. Elle est venue tout d'abord au laboratoire du malheureux Aubert, parée de ses plus beaux falbalas, la friponne, excitante au possible et, d'une haleine chaude, rappelant à son amant les beaux jours et les belles nuits d'autrefois. L'infortuné a cédé au charme et s'est rendu à la villa de Chatou, jadis habitée par Mlle Favart, une reine de Corneille et de Racine, qui ne soupçonnait certes pas que la fiction tragique fût si près de la réalité. Mais là ne s'est pas borné l'office de l'ingénieuse M$_{me}$ Fénayrou. Avant que l'emploi des tuyaux de plomb fût décidé, on avait songé à la corde. Mme Fénayrou était allée de sa personne chez le grainetier le plus proche et, comme elle apprit que l'achat de la [corde au *poids* était plus « avantageux » que l'achat de la corde au *mètre*, elle prit une assez considérable quantité de corde, qu'elle fit peser. Amante criminelle et néanmoins femme d'intérieur jusqu'au bout ! Voilà, ayons la franchise de l'avouer, où la supériorité du sexe adverse éclate dans son plein. Un homme eût acheté au mètre ! Mme Fénayrou, ne perdant pas la boule, a acheté au poids. Le souci du moindre détail dans les grandes entreprises, tout est là. Reconnaissons, sans y apporter de vain amour-propre, l'art infini avec lequel les dames savent perfectionner tout ce qu'elles touchent.

Quoi qu'il arrive, il est probable que cette exécution épouvantablement sauvage arrêtera un peu sur la pente des folichonneries adultérines les jeunes gens de la dernière génération. Ne comprendront-ils donc jamais, ces *cupitores impossibilium*, que la convoitise des pommes du voisin est dangereuse et qu'une pièce de vingt francs, spirituellement offerte en mauvais lieux, à l'heure même où les femmes mariées ronflent sur le bonnet de coton de leur époux, est encore le plus joli sonnet amoureux qu'ils puissent rimer? Mais non, ils veulent *être aimés*, les bêtas! Il semble qu'ils ont déniché je ne sais où ces merveilleux vers que Hugo n'a jamais imprimés. Qu'importe...

<small>Qu'on soit aimé d'un gueux, d'un escroc, d'une fille,
D'un forçat jaune et vert sur l'épaule imprimé,
Qu'on soit aimé d'un chien — pourvu qu'on soit aimé?</small>

Les manuels d'instruction publique devraient contenir des chapitres entiers sur l'outrecuidante prétention d'*être aimés* qu'affichent les hommes. Il importe, en effet, de mettre en garde la jeunesse contre cette sotte et déplorable tendance, fruit de la vanité. Penses-tu donc, Blandureau, mon vieux copain, que la femme sus-indiquée ne s'agitait pas sous l'étreinte de son notaire de mari tout aussi congrument qu'elle s'agitait sous ta propre étreinte? Et puis, une femme de notaire! Le beau mérite, en vérité! C'est aux femmes de pharmacien que je voudrais voir se frotter désormais cet assommant coureur de guilledou qui s'appelle « l'amant d'une femme mariée ».

LE CAPITAINE RENÉ MASSON

ORSQUE la nouvelle a éclaté que le brave colonel Flatters venait de tomber sous les coups des Touaregs, ces incivilisables Berbères chez qui la férocité passe dans le sang de génération en génération, ça n'a été partout qu'un cri de colère et de vengeance. Il faudrait que nous fussions un peuple maudit, et destiné à une prochaine et définitive catastrophe, si nous avions perdu ce vulgaire sentiment de patriotisme qui a inspiré ce beau cri à Carrel : « Non, il n'est pas possible qu'un Français, le plus humble d'entre les humbles, souffre à une extrémité quelconque du monde connu, sans que la France entière ne doive s'en émouvoir ! » Les théoriciens, les pseudo-humanitaires, les indifférents qui se baptisent complaisamment *citoyens du monde*, ramassis de cosmopolites dont vous devinez sans peine le but, auront beau jeu à railler ce chau-

vinisme enfantin, évidemment digne des chansons de Béranger. Qu'ils nous permettent de demeurer des cerveaux étroits et des cœurs faibles ! Nous avons tous pleuré sur le sort du colonel Flatters et de ses compagnons.

Je voudrais que, à côté du nom du colonel Flatters, on n'oubliât pas le nom de l'homme qui fut son bras droit : le capitaine René Masson. Masson est mort à trente-trois ans, à côté de son chef. C'était un officier de grand avenir, très amoureux de son métier, dédaigneux de la politique et d'une inébranlable fermeté sous une apparence presque féminine. Il était blond, beau de visage, de façons douces, laborieux et vaillant, d'une myopie invraisemblable, et portait un monocle. Nous voilà loin, n'est-ce pas ? du fulgurant capitaine Fortempeigne de la légende. Les plaisanteries traditionnelles de Noriac, malheureusement bien justes au moment où parut *Le 101ᵉ*, s'émoussent devant cette nouvelle physionomie d'officier qui ne date guère que de dix ans. Notre pauvre Masson était un capitaine de la jeune école.

Il était capitaine d'état-major depuis neuf ans et aide de camp du général Carteret. C'est dire que, lors de la gigantesque tourmente, il sortait à peine de Saint-Cyr. C'était un enfant, et un enfant fort enthousiaste avec des abords flegmatiques. Ainsi que tant d'autres, à coup sûr, il s'imagina que nos chevaux allaient boire, au bout de quelques jours de mousqueterie et de canonade, dans le Rhin allemand, qui déjà avait tenu dans notre verre. Il apercevait Berlin à une portée de fusil. Qui de nous n'a éprouvé ce mirage ? Emmené prisonnier en Allemagne après l'inconcevable capitulation de Bazaine, il dut passer les longues journées de sa captivité en de douloureuses méditations. Or ces méditations-là, grâce à Dieu, ne sont point perdues pour les cerveaux bien pondérés et les âmes fermes. Quand il nous revint, nous ne le trouvâmes guère changé — un peu plus triste peut-être et parlant un peu moins encore que jadis. Il se remit au travail avec une sorte de fièvre. En 1872, il était nommé capitaine. Il avait vingt-quatre ans.

Je ne veux qu'esquisser à grandes lignes cette vie si courte et si remplie. Il partit pour l'Algérie et y demeura durant trois années avec le général Carteret. A de certaines échappées, assez rares chez ce silencieux, on démêlait qu'il s'était pris d'une vive passion pour ce « pays de la conquête ». Aussi lorsque le colonel Flatters, à la veille de la première expédition, lui proposa de faire campagne, Masson accepta d'enthousiasme et sans se donner à lui-même le temps de la réflexion, bien qu'il ne fût de retour en France que depuis dix mois, auprès de son père et de sa mère, qu'il adorait et dont il était tendrement aimé. Flatters, qui avait pratiqué le jeune officier, savait à quel point il pouvait faire fond sur lui. Masson était connu et aimé de tous les indigènes.

On sait que la première expédition fut conduite avec une extrême prudence. Arrivé sur la limite des populations du sud du Sahara, Flatters — qui n'avait plus guère ni argent ni cadeaux à distribuer à tous ces nomades — demanda aux Touaregs le droit de passer sur leur territoire. Les Touaregs, après des délibérations à la façon des Peaux Rouges de Cooper, répondirent qu'ils enverraient leur réponse à Alger. Nos Français, qui avaient horriblement souffert de la fatigue, de la soif et de la faim, arrêtèrent là leur première expédition. Ils revinrent sur leurs pas, fiers du résultat déjà obtenu en attendant avec une généreuse impatience l'heure d'une nouvelle tentative. Pendant les six mois que René Masson, resta cette fois — la dernière, hélas ! — en France, il ne s'occupa que des préparatifs de la seconde campagne. Il apportait à sa tâche une sorte d'ardeur maladive qui surprit quelques-uns d'entre nous. N'était-il pas de ceux dont le destin est marqué ?

Le colonel Flatters, prévoyant les périls à venir, avait exigé de tous les soldats qui l'accompagnaient qu'ils obtinssent préalablement l'assentiment de leur famille. L'ordonnance du colonel se croyait à l'abri de cet ordre, qui lui semblait fièrement dur. Flatters le lui imposa comme aux autres. L'ordonnance se décida à écrire à sa mère, qui habite aux environs de Locmaria. La vieille Bretonne répondit deux lignes, qui vont indubitablement faire tordre de rire les humanitaires, citoyens du monde et cosmopolites susénoncés. Je ne reproduis pas l'orthographe, mais je cite le texte sans altérer une syllabe : « Tu dois aller avec ton colonel jusqu'à la mort. Pars. Mais tâche de revenir, bien aimé. » Quant à Masson, le colonel Flatters ne s'était pas occupé de lui. C'était son *alter ego*. Masson eut à soutenir, lui aussi, des luttes dont il ne souffla mot et dont nous ne sûmes jamais rien que par les yeux quelquefois rougis de sa mère. A l'heure dite, il boucla son ceinturon.

Cette seconde expédition, où tous devaient trouver la mort, s'annonçait sous les plus favorables auspices. A Alger, on rencontra les cinq Touaregs envoyés en ambassadeurs, et qui venaient annoncer que le pays de Touat était ouvert aux Européens. Les Touaregs, on l'ignore sans doute, sont sales commes des peignes d'hôtel garni. Vêtus de laine bleue, chaussés de vieilles sandales en cuir de Talifet, coiffés d'une haute *chachia* rouge, ils portent constamment un voile noir sur le visage ; précaution de date immémoriale, purement destinée à les préserver du sable brûlant que soulève le vent du désert, et à laquelle ils attribuent, fidèles à l'emphase romantique de leur tribu, un tout autre sens. « Des gens de notre dignité ne doivent pas se laisser voir ! » La municipalité d'Alger avait relégué ces malpropres, inondés de puces et de poux, dans un corps de garde abandonné. Bravant son dégoût, Masson les installa à son hôtel, les promena par la ville, les mena au théâtre et au concert. Il s'était fait cinq amis.

Nous n'avons sur ce qui suit que des données vagues. Néanmoins, au mois de décembre, René Masson écrivait à son général une lettre où, glissant rapidement sur la fièvre continue dont il était galopé, il donnait des renseignements déjà bien précieux. En outre, le dernier courrier du colonel Flatters contenait des indications et des plans dont le ministère de la guerre fera son profit. L'œuvre de ces braves — bien véritablement morts au champ d'honneur, je vous en réponds — n'aura donc pas été stérile. Ils étaient arrivés au delà de ce qu'on appelle « la mission Freycinet ». Il leur fut fait savoir officieusement qu'ils pouvaient aller plus loin, au cas où « ils n'y verraient point de danger ». Du danger ! Rien que ce mot les stimula. Ils entreprirent de revenir par le Soudan, d'accomplir jusqu'au bout l'œuvre commencée et de se couvrir de gloire. Un rêve d'hommes de cœur ! Vous connaissez la fin.

Ils se trouvaient au milieu des plus barbares populations de l'Afrique. Ces Touaregs, qui prétendent descendre des Turcs et méprisent les Arabes, ont pourtant en fort grand respect et pratiquent très couramment le vieux proverbe arabe :

« La nuit est le trésor du pauvre, quand il est brave. » Ce proverbe arabe qui a séduit la chaude imagination de plus d'un Touareg de la Villette et des carrières d'Amérique, est un pur programme d'assassinat et de vol. Ces pirates se drapent en bandits d'opéra comique. On sait maintenant que nos intrépides soldats ont été pris dans une gorge de montagnes et accablés sous des fragments de roc que les Touaregs poussaient sur eux. Ils se sont débattus dans ce formidable guet apens, lâchant leur coup de fusil et luttant jusqu'au dernier râle !

A Amiens, le général Carteret a fait célébrer un grand service en mémoire du courageux aide de camp qu'il a perdu. Ce nom-là, le nom de René Masson, ne sera pas oublié dans l'armée, je vous jure. C'est un héros à inscrire sur le livre d'or. Mais le père et la mère ! Que leur fait cette gloire, à ces deux vieillards, cette gloire si cruellement achetée ? M. Masson, le père, a près de soixante-quinze ans, si je ne me trompe. Il était avoué lorsqu'il plaça son fils au lycée de Versailles. Il brûlait du désir de voir un jour René, vêtu d'une longue robe noire, la tête ornée d'une toque, *occuper* devant une chambre du tribunal civil. Ça n'a pas été sans un gros crève-cœur qu'il a senti naître et se développer dans son fils les chevaleresques ardeurs qui l'entraînaient vers la carrière des armes. Comment s'y serait-il opposé ? Le père et la mère demeurent seuls aujourd'hui, tout désemparés dans le grand vide, hébétés en face de ce trépas lointain et mystérieux, n'ayant pas même la décevante consolation de pleurer sur des dépouilles et sur une pierre de tombeau !

Faut-il le dire ? Ces pauvres gens n'osent pas se placer résolument en face de leur deuil. Un terrible philosophe, qui avait dû bien souffrir avant de proférer des apophthegmes de cette nature-là, a laissé tomber un jour de sa lèvre crispée et méchante ce triste lambeau de phrase : « L'espérance est la suprême lâcheté du cœur humain ! » Eh bien, ils espèrent lâchement, ces vieillards. Ils croient que les quatre malheureux qui sont accourus annoncer le désastre sont de simples fuyards, désireux de cacher leur désertion sous un mensonge. Ah ! Dieu juste ! Si cela était vrai ! Mme de Girardin a un jour écrit le plus humain et le plus poignant petit acte que j'aie jamais vu : la *Joie fait peur*. A coup sûr, si le capitaine Masson débarquait par miracle et s'apprêtait à franchir, semblable à un revenant de l'Inde panthéiste, le seuil aimé de la maison, il faudrait que la vieille bonne, tout comme le Noël de Mme de Girardin, s'avisât de bien ingénieux stratagèmes. Sans quoi, le pauvre capitaine risquerait fort de n'embrasser que deux cadavres !

Mais non. C'est là du roman propre aux mères. Aucune nouvelle n'est parvenue depuis la catastrophe. René Masson a succombé, victime du dévoir et de l'amour des choses de France. Lorsque le père et la mère, secouant leurs vaines illusions, accepteront enfin l'atroce réalité, peut-être trouveront-ils je ne sais quel soulagement dans la pensée que cette fin a été héroïque. Une légitime fierté se mêlera à leur douleur, sans l'amoindrir. Quant à tous ceux qui ont connu le capitaine René Masson, ils s'associeront à l'hommage que je lui rends ici, je n'en doute pas, et salueront d'un grand salut — comme l'a fait le drapeau voilé de crêpe — la mort de ce jeune et noble soldat.

LE MARQUIS DE BELOT

'A été une véritable chasse à l'homme. Un individu, le visage convulsé, les yeux hors de la tête, couvert de vêtements sordides, fuyait le long du boulevard de Magenta, poursuivi par deux gardiens de la paix. Sur le pas de sa boutique, un marchand glapissait : au voleur ! Enfin, les gardiens de la paix atteignirent l'individu, qui, tremblant de tous ses membres, se laissa fouiller sans opposer la moindre résistance. On trouva sur lui une paire de grossières pantoufles qu'il venait de dérober. Le cas n'était pas niable. Il suivit, la tête basse et avec des chancellements d'ivresse, les gardiens de la paix jusqu'au commissariat voisin. Là, le secrétaire du commissaire de police lui demanda son nom. Il balbutia d'abord et répondit par des sons inintelligibles. Ce vulgaire filou avait de la honte plein la face. Les gens de police n'ont pas, comme vous

le savez, la patience pour qualité maîtresse. Le secrétaire s'emporta et fit la grosse voix. Alors le voleur déclara, la gorge déchirée, qu'il s'appelait le marquis Paul-Léon Ladureau de Belot.

Le marquis de Belot, dont aucun de nous ne soupçonnait plus l'existence depuis la guerre, était, il y a quinze ou seize ans, un jeune homme très riche, très ardent au plaisir, très en vue. Il était légalement, et en vertu de je ne sais quelle adoption, le marquis de Belot. En réalité, il était Ladureau. Le père, fournisseur des armées, un Ouvrard réduction Colas avait amassé une fortune considérable. On l'estimait à près de six millions de francs. Ce fut cette misère que Ladureau trouva dans les paperasses de son garde-notes, lorsqu'il arriva à sa majorité et réclama l'apuration de ses comptes de tutelle. Six millions et vingt-un ans! Un doux avenir et de joyeux horizons. Il s'agissait, avant tout, de décrasser les écus du père Ladureau. Il est des accommodements, vous ne l'ignorez pas, avec la loi tout comme avec le ciel. Le jeune homme put mettre les quatre fleurons de la couronne de marquis sur son gros portefeuille.

Ce fut alors la vie à outrance, la vie des nuits blanches et dorées, des demoiselles en renom achetées à l'enchère, des landaus attelées à la Daumont, la vie brûlée et brûlante, la vie folle. Nous parlons souvent de névrose. Eh! quel temps fut plus fertile en névroses que cette période de l'empire où les oisifs tenaient le haut du pavé, le trottoir étant occupé par des filles dignes d'eux ; où un coup d'épée suffisait à la réputation d'un homme et absorbait l'attention de la France entière ; où les gens *sérieux*, moqués et bafoués, étaient considérés comme des représentants d'un autre âge, voire comme des animaux antédiluviens ; où une ambassadrice à tête de Kalmouk, — « une ravissante laide », disaient les petits journalistes bien en cour, — en parodiant la Grande Mademoiselle, — appelait justement et impudemment Paris *l'auberge du monde*? Etait-ce bien « auberge » qu'avait dit la dame ? Quelle farandole ! Ce fut dans cette farandole-là que prit place le marquis de Belot, flanqué de sa sacoche.

Plus âgé que nous de quelques années, Belot nous éblouissait par l'éclat de ses splendeurs. Il nous arrivait par-dessus les grands murs noirs du lycée comme un bruit de fête sans trêve, où le nom de Belot sonnait toujours. Belot par ci, Belot par là, Belot *for ever !* Nous le retrouvâmes bientôt sur le boulevard. Il était, à ce moment-là, à son apogée. Il entretenait une bizarre femme, au front bombé, aux yeux caves, à la bouche immense et mal meublée, vilaine comme le péché mortel et étrangement séduisante. Artiste pleine de hautes promesses, par-dessus le marché, et qui s'est éteinte tout d'un coup. Remarquée par quelques critiques dans une assez mauvaise revue des « Folies » du père Mourier, revue où elle représentait l'*Industrie* et débitait fiévreusement des vers macaroniques, elle avait été engagée au théâtre du Vaudeville. Là, en compagnie d'un acteur désordonné, mais puissant, M. Lafontaine, elle avait vaillamment mené jusqu'à la deux-centième représentation une pièce intéressante et médiocre de Feuillet. Elle était alors à l'Ambigu et jouait, sous le collant d'un *travesti*, un adorable rôle dans un sombre drame que Meurice avait tiré d'un roman de Mme Sand et où le grand Bocage poussa son dernier beau cri d'artiste. Inutile de dire à quel point Belot était fier de cette femme. La comédienne, dont les dents bleuies attestaient les pommes crues de la première enfance, alla un jour aux courses dans un huit-ressorts aux *roues d'argent* qui fit tapage dans le Tout-Paris d'alors. Elle avait chez elle un bassin en argent, habité par d'humbles poissons rouges et que Belot eût voulus aussi en argent. De l'argent, de l'argent encore, de l'argent partout. Ladureau, va! Un beau matin, le pauvre garçon s'aperçut que la noble artiste le trompait, conformément à un usage correct, avec un troisième rôle à bottes étonnantes. Il était jeune, dénué de philosophie et un petit peu simplet ; il se prit à pleurer.

Il faut croire que le théâtre exerçait sur ce cerveau mal équilibré une séduction particulière. A peine sorti des bras d'une comédienne, il se jeta dans les bras d'une chanteuse, et recommença à faire la joie des carrossiers et des orfèvres. On eût dit que ce malheureux avait la spécialité des artistes « ratées ». La chanteuse en question avait eu, elle aussi, dans un cadre étroit et charmant, une soirée de réel triomphe. Interprète d'une des premières œuvres d'Offenbach, elle avait enlevé un *évohé* d'une façon merveilleuse, reproduisant le hoquet bachique tant admiré chez M*me* Ugalde, trois ou quatre ans auparavant, dans la *Galatée* de Victor Massé. Puis, après cet évohé-là, plus rien. Elle doubla une fois M*me* Bionne dans la *Grande-Duchesse* et fut un peu chutée. Mais n'importe ! l'*évohé* suffisait. Belot devint fou de la femme à l'évohé et, ainsi que de raison, la couvrit d'argent. Ce fut une assez curieuse existence et qu'il ne me fut pas donné de suivre jour par jour. La chanteuse eut une fin poétique, et qui est de nature à faire pleurer les dames entre deux âges — comme un oignon cru. Atteinte d'une phtisie rapide, elle pria Belot de la mener en Italie, pays romanesque où les Anglaises jugent du bel air d'aller crachoter leurs poumons entre un plat de *raviolis* et une canzonette de ténorino à la mode. Elle partit, les lèvres pâles et les pommettes rouges. A peine arrivée à Naples, elle mourut comme une héroïne de feuilleton du *Journal pour tous*, par une tiède soirée de mars, étendue sur une chaise-longue, promenant des yeux sans regard sur l'horizon empourpré des derniers feux du jour et écoutant d'une oreille défaillante tinter l'*Angelus* à la Santa-Maria-delle Grazie. Pauvre âme envolée ! C'était une gale, entre nous.

Le marquis de Belot brûlait la chandelle par les quatre bouts. Médiocrement bon, ayant quelques camarades, n'ayant pas un ami, il donnait tout à la montre et à la superbe. Tant et si bien que, les valeurs mobilières étant épuisées, il fut contraint de s'en prendre aux immeubles. Il s'en alla tout droit frapper à la porte de ce gigantesque mont-de-piété qu'on appelle le Crédit foncier de France. On accueillit Belot avec un aimable sourire et on lui avança le million tout rond sur un pâté d'immeubles qu'il possédait au coin du boulevard et du faubourg Montmartre, à l'endroit même où se trouve le restaurant Bonnefoy. Je n'oublierai jamais cette scène. Belot, qui habitait boulevard des Italiens, revint avec son million en billets de mille francs. Nous étions là quelques tout jeunes gens : Henry L..., qui représente aujourd'hui la France à l'étranger ; le comte de G..., qui s'est retiré dans le mariage ; Le Camus, dont les tableaux se vendent comme du pain ; d'autres, que j'oublie. Belot posa le million sur le tapis de son fumoir. Ça me parut tout petit, un million. Nous nous prîmes la main et exécutâmes autour du veau d'or une pyrrhique non classée par M. Mérante. Qu'il y a longtemps de cela, hélas ! C'est la seule fois que j'ai vu un million, ignorant que je suis des krachs et des craques de la Bourse. Tout me porte à supposer que je ne jouirai plus jamais de ce spectacle enchanteur, et j'aurai la singularité de ne pas m'en plaindre.

Peu après, Belot disparut. Vers quelle contrée avait-il porté ses pas? Nous ne le sûmes point. Or, voilà que son nom est revenu à nous — et avec quel sinistre écho! Chose à noter : le marquis de Belot n'était pas joueur. Il avait horreur des cartes et de la roulette. Il appartenait à cette race d'hommes qui veulent quand même *faire des affaires* et aiment à diriger des subalternes. De temps à autre, sous la portière lamée d'argent (toujours d'argent!) apparaissait une trogne coupcrosée et grotesque la trogne d'un inventeur, d'un exploiteur, d'un tripoteur quelconque. « Pardon, disait Belot d'un air important, je vous quitte une minute. Je suis *en affaires* avec monsieur. » Il se plaisait à cacheter d'un cachet majestueux de lourdes lettres inutiles. Manie moins inoffensive qu'on ne croit. C'est par les affaires, j'imagine bien, comédienne et chanteuse à part, que s'est évanoui le plus clair de la grande fortune du vieux riz-pain-sel.

Enfin, la ruine est venue, la ruine où se retrempent les mâles et où sombrent définitivement les femmelettes ; la ruine avec son noir cortège de mauvais conseils et de lugubres insinuations. A cette heure psychologique, les *gens du monde* sont poignés par une anxiété particulièrement cruelle. Le commerçant, lui, se remet à son comptoir; l'avocat fait appel aux avoués d'alentour et tâche d'accumuler les dossiers dans son cabinet; le journaliste se replace, le cœur tordu, devant sa table de travail, et se penche sous la lampe, dont la petite flamme semble un regard de noble encouragement; chacun se débat de son mieux. Mais ce stupéfiant mammifère qui n'a d'autre profession que celle d'*homme du monde!* Où peut-il donner de la tête? Il a comme suprême ressource « la poucette » ou le vol de pantoufles, — à moins qu'obéissant à un tressaut d'honneur il n'ait la crânerie de filer vers la terre africaine, de jeter un flingot sur son épaule, de suivre une colonne expéditionnaire et d'aller demander à un Touareg la charité d'une balle!

L'infortuné Belot a roulé de chute en chute. C'est aujourd'hui un être sans nom. Le chef est branlant, la figure violacée, la lèvre pendante. C'est avec des bégaiements sans suite qu'il a répondu aux questions qui lui étaient posées par le président. « C'est une drôle d'habitude, a-t-il ânonné. Les marchands me connaissent bien. D'ordinaire, ils se contentent de me reprendre ce que je *chipe*. Celui-là a été méchant. » Puis il s'est caché la tête dans ses mains et n'a plus osé lever les yeux vers le tribunal. Bien que le docteur Mottet eût déclaré que l'évident alcoolisme de Belot ne constituait pas une irresponsabilité, le tribunal a jugé humainement la cause et, saisi d'une pitié qui n'allait point sans dégoût, n'a condamné le marquis Paul-Léon Ladureau de Belot qu'à un mois de prison, quoique *récidiviste*. Il avait déjà, paraît-il, dérobé des gants quelque part. Où est le bassin d'argent? Où la maîtresse de Naples? Où le million du Crédit foncier? Quel chemin parcouru! Et en moins de quinze ans! Voler des gants et voler des pantoufles, tel est le dénoûment de cette vie. Eh bien! puisque tu as le vol dans le sang, malheureux, vole donc une bonne fois un revolver!

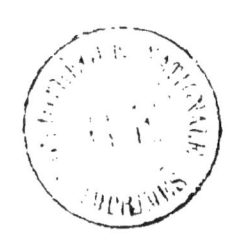

TABLE DES MATIÈRES

	Pages.
I. Le Piano.	1
II. La voiture aux chèvres.	9
III. L'excommunication.	16
IV. L'association des comédiens.	24
V. Histoire d'une Parisienne.	32
VI. Les maris.	42
VII. L'épuration.	49
VIII. Une annonce de journal.	56
IX. Les gants et les souliers de Mlle d'Imecourt.	64
X. Le sire de Saint-Tropez.	72
XI. Les souffre Douleur.	81
XII. Le vol du Sous-Lieutenant.	90
XIII. A souper.	96
XIV. La Femme de Chambre.	105
XV. La charité.	113
XVI. L'Hôpital.	120
XVII. Encore l'Hôpital.	130
XVIII. Le Mont de Piété.	139
XIX. Une vente d'enfant.	147
XX. Les Petits Martyrs.	156
XXI. Une lacune.	164
XXII. Le projet de loi de M. Farcy.	171
XXIII. La guerre.	182
XIV. Divorce.	191

TABLE DES MATIÈRES

	Pages
XXV. L'Ouvrière	199
XXVI. Le Baton de la Brinvilliers	207
XXVII. Des Maudits	214
XXVIII. Médaillons	221
M. Worms	221
M. Thiron	223
Le général de Galliffet	224
Anna Vanghell	227
Louise Michel	229
XXIX. Un point d'histoire	237
XXX. M. Caro	247
XXXI. M. Hérold	254
XXXII. Ida de Barancy	262
XXXIII. A propos de M. Pailleron	271
XXXIV. Le comte de Semellé	279
XXXV. L'amant d'une femme mariée	288
XXXVI. Le capitaine René Masson	296
XXXVII. Le marquis de Belot	305

SAINT-QUENTIN. — IMPRIMERIE J. MOUREAU ET FILS.

www.ingramcontent.com/pod-product-compliance
Lightning Source LLC
Chambersburg PA
CBHW070611160426
43194CB00009B/1251